徳間文庫カレッジ

国境のインテリジェンス

佐藤 優

JN210928

TOKUMA BUNKO COLLEGE

徳間書店

目次

第4章　沖縄と向き合うために

文庫化にあたっての前書

２０１５年は去年以上に激動の年になると思う。ただし、日本の政治エリート（国会議員、官僚）には、そのことがピンときていないようだ。台風の目は、シリアとイラクの一部地域を実効支配しているイスラム教スンニ派過激組織「イスラム国」だ。アラビア半島は日本から遠く離れているので「イスラム国」の問題など、たいしたことはないと日本の政治エリートは思っているのだろう。しかし、ヒト、モノ、カネだけでなく情報も自由かつ迅速に移動することができるグローバル化の時代に地理的距離はあまり意味を持たない。油田地帯を実効支配している「イスラム国」は、盗掘した原油をヨルダン経由で密輸している。ヨルダンの経済情勢が脆弱で、政権基盤も不安定なので、米国はヨルダンに対して「密輸を止めろ」と強い圧力をかけることができない。

「イスラム国」は、徐々に国家としての体裁を整えつつある。それは近代の文明国家とは異なる密輸、人身売買、身代金誘拐、処刑した遺体の販売などで金儲けをし、支配地域内に奴隷制を導入するというとんでもない内容だ。しかも、アメリカ、ヨーロッパなどによる対テロ戦争の中止を要求して、「イスラム国」に共鳴する戦士が、ヨーロッパ、アメリカ、オーストラリアなどで小規模なテロを今後も繰り返すであろう。少人数であるが、日本にも「イスラム国」に共鳴する人々がいる。日本は国際基準での人権、法の支配を受け入れている文明国だ。テロリズムに共感する思想であっても、それが個人の内面、法律に違反しない言論、表現活動にとどまっている範囲では、処罰されることはない。「イスラム国」はこのような文明国の人権尊重の姿勢をグローバル・ジハード（聖戦）論に基づく世界イスラム革命を実現するために最大限に活用している。

「イスラム国」に共鳴する人々の違法行為については、法で厳格に対応して、テロ活動を予防しなくてはならない。特に日本人が外国でテロを起こす危険性を過小評価してはならない。旅券法第13条7項に基づき、〈外務大臣において、著しく、かつ、直接に日本国の利益又は公安を害する行為を行うおそれがあると認めるに足りる相当の理由がある者〉については、一般旅券を発行しなくても構わない。また同法19条1項4の〈旅券の名義人の生命、身体又は財産の保護のために渡航を中止させる必要があると認められる場合〉、同

5の〈一般旅券の名義人の渡航先における滞在が当該渡航先における日本国民の一般的な信用又は利益を著しく害しているためその渡航を中止させて帰国させる必要があると認められる場合〉という規定に基づき「イスラム国」にジハード戦士として渡航予定もしくは渡航中の日本人に旅券の返納を求めることができる。これらは外務省管轄の業務だ。外務省は日本人によるテロ活動防止のためにもっと本腰を入れるべきだ。国境のインテリジェンスを強化して、国境を超えるテロリストの暗躍を封じ込めるのだ。

中東以外でも、日本と中国との関係が正念場になる。去年12月中旬、中国海軍のソブレメンヌイー級駆逐艦が、尖閣諸島の沿岸約70キロメートルに迫った。この海域は公海であるし、軍艦も無害通行権を有するので、中国の行為は国際法違反にはあたらない。しかし、通常、文明国はこのような挑発的行為を行わない。

〈中国軍が尖閣諸島（沖縄県石垣市）沖に軍艦を派遣していることで、日本側の警戒感が高まっている。その動きは外交に連動しているように見える。複数の中国軍関係者は、軍トップでもある習近平《シーチンピン》国家主席の意向が働いている可能性を示唆する。

日米中の軍事・防衛関係者によると、尖閣沖に常駐している中国軍の2隻は、ふだんは離れた海域を航行している。発進したかと思うと、突然、船首の方向を90度以上変え、尖閣沖に向けてピッチをあげる。中国海軍を研究する米海軍大学のトシ・ヨシハラ教授は「日本に領土問題の存在を認めるように迫る強いシグナル」と指摘する。

複数の中国軍関係者は、共産党内にできた組織が、軍艦や監視船に直接指示を出している、と指摘する。正式発表されていないが、日本政府が尖閣国有化を決めた直後の2012年9月、党は東シナ海や南シナ海の領有権問題に対処する「党中央海洋権益維持工作指導小組」を新設した。

トップには習氏が就いた。外交を総括する楊潔篪《ヤンチエチー》・国務委員（副首相級）のほか、監視船を管理する国家海洋局長や軍総参謀部の幹部らで構成されている。メンバーが、無線やテレビ電話を使って現場の軍艦や監視船に指示を出すという。トップの意向を素早く現場に伝え、効率的に監視活動を展開する狙いがあるようだ。

指導小組の発足後、中国艦船の動きが対日政策に敏感に呼応する傾向が鮮明になっている。〉（2014年12月30日「朝日新聞」朝刊）

どうも日本が外交的に間違えたシグナルを送ったことが、このような軍事挑発という形で返ってきたようだ。去年11月10日、北京で安倍晋三首相は中国の習近平国家主席と会見した。そこで同月7日、両国政府が発表した「4項目の一致点」について合意した。その第3点に「双方は、尖閣諸島等東シナ海の海域において近年緊張状態が生じていることについて異なる見解を有していると認識」と記されている。中国は、この合意を突破口に、駆逐艦2隻を尖閣諸島に異常接近させるという手段によって、「日本が領有権をめぐる係争の存在を認めないと軍艦を尖閣諸島の領海内に突入させるゾ」と恫喝をかけている。日本は腰を据え、国境のインテリジェンスを強化した対中外交を展開すべきだ。

本書は、徳間書店から単行本として2年前に上梓されたが、現在の国際情勢を理解するための基本書として十分通用する。国民一人一人が国境のインテリジェンス感覚を研ぎ澄ますことによって、日本の生き残りを図ることが重要と思う。

本書の文庫化にあたっても徳間書店の加々見正史氏のお世話になりました。深く感謝申し上げます。

2015年1月4日、曙橋（東京都新宿区）の自宅にて。愛猫のタマ（去勢済みのオス、白茶ブチ、推定4歳）を抱きながら、

佐藤優

前書

日本をめぐる状況は、とても緊迫している。特に尖閣諸島をめぐっては、日中間でいつ武力衝突が発生しても、おかしくないような状態だ。2013年1月に2回も中国海軍軍艦が、わが海上自衛隊の護衛艦に火器管制レーダーを照射した。この事件については、本書の書き下ろし部分で詳しく紹介したが、2月8日、露国営ラジオ「ロシアの声」(旧モスクワ放送)が日本向けに報じた以下の内容が事柄の本質を衝いている。

〈火器管制レーダーの照射は、武器を使用する前の最後の措置である。これは、火器管制システムが、標的を攻撃するためのデータを連続して作成している事を意味する。もし2隻の船を2人の兵士になぞらえるなら、レーダーによる標的の捕捉とそれに付随する行為は、弾丸の入ったライフル銃を敵に向け照準を合わせるに等しい。そうした条件においては、挑発者自身により偶然引き金が弾かれる《(原文ママ)》可能性もないわけではないし、標的とされた側の船の乗組員が、生命の危険を感じて衝動的に危険な行為に出る事もあり得る。〉

(http://japanese.ruvr.ru/2013_02_08/104048660/)

日本と関係がよくないのは、中国だけではない。韓国もかなり面倒だ。竹島(島根県隠岐の島町)は、わが国固有の領土であるにもかかわらず、韓国によって不法占拠されている。2012年8月10日、韓国の李明博大統領(当時)が、現職大統領として初めて竹島に上陸した。韓国の歴代大統領は、「独島(竹島に対する韓国側の呼称)は、歴史的、法的に韓国領であることが明白だ。日本との間に領土問題は存在しない」と言っていたが、竹島への上陸は差し控えていた。日本の反発が怖かったからだ。裏返して言うと、日本が弱くなったと見られているから韓国の現職大統領による竹島上陸事件が起きたのだ。

朴槿恵大統領になって、韓国の対日政策が軟化するという見方が一部にあるが、それは甘い。

〈韓国の朴槿恵大統領は1日の「三・一独立運動」記念式典での演説で、「加害者と被害者の立場は変わらない」と述べ、日本側に歴史の直視と責任ある対応を求めた。発足直後は日本との未来志向の関係に期待を表明してきた歴代政権と比べ、厳しい姿勢と言える。

李明博前大統領は同式典の初回の演説で「歴史の真実から目をそらすべきではないが、過去に縛られ、未来への道（への歩み）を遅らせることはできない」と強調。盧武鉉元大統領も当初は「怒りと憎悪だけでは、未来に向かえない」とし、自分からは歴史問題を取り上げない姿勢を見せた。

これに対し、朴氏は「歴史に対する正直な省察がなされるとき、共同繁栄の未来を共に開ける」とし、歴史問題への対応が優先との立場を取った。

背景に島根県主催の「竹島の日」式典に政府代表を初出席させた安倍政権に対する韓国の厳しい世論があるのは間違いないが、それ以上に大きいのが朴氏の対日姿勢と言える。朴氏の側近は「朴氏は勢いに任せるのではなく、状況を慎重に見て、対日関係を改善しようとしている」と話している。

韓国の歴代政権は、発足直後に日韓関係改善への強い意欲を示すが、途中で強硬な姿勢に転じるパターンを繰り返してきた。朴大統領はこれから抜け出すため、あえて期待値を高めなかった可能性もある。

演説では、竹島や従軍慰安婦問題に直接触れなかった。不必要な刺激は避け、時間をかけて対日関係の構築を目指すとみられる。〉（２０１３年３月１日・時事通信）

朴槿恵大統領の父・朴正煕元大統領は、韓国で親日的であったと見られている。そのために朴槿恵大統領は、内政的配慮から日本に対して厳しい姿勢を取ることを余儀なくされる。あえて期待値を高めずに、日本に対して初動で厳しい姿勢に出たという見方は、希望的観測に過ぎない。慰安婦問題をめぐっても韓国は対日攻勢に出てくる。いずれ朴槿恵大統領も竹島に上陸する。もっとも、日本にとって最大の脅威は中国なので、二正面作戦を避けるために韓国との妥協が必要になる。

なぜ、日本は何も悪いことをしていないのに、中国や韓国から攻勢をかけられるようになったのか。前民主党政権が弱腰だったからか？　そうではない。仮に自民党政権がずっと続いていたとしても、中国や韓国は対日攻勢をかけてきた。その理由は簡単だ。以前に比べて、日本が弱くなり、中国と韓国が強くなったからだ。こういうときに「国境のインテリジェンス」が重要になる。なぜなら、国家の力関係が変化すると、境界の引き直しが行われるのが、生きている政治の本質だからだ。この点について、鋭い指摘をしたのが、京都学派の哲学者・田辺元（1885〜1962年）だ。境界について、田辺はこう述べる。

〈自分は自分、相手は相手、境界は初めから決っている。一方が他方へ越境してゆくということは死んだものの場合には起らないはずである。しかるに既に境界ということが問題になるということは実は両方の間に対抗運動があることを示している。もちろん両方の間に一時的に平衡が成立って、境界を両方から認めて、相互に越境しないような両立する状態が成立つということはある。しかし常に動いてゆこうというのがそれぞれの本性なのであって、動かないとか、平衡とか静止とかいうことは、対抗とか或は運動とかいうものの地盤の上で、或はそれを背景とする前面において成立つ一時的表面的な現象にすぎないといわなければならない。そういうことがあるから境界の問題がやかましい問題になるのです。物の場合には境界の問題は起らない。しかるに国の場合、人間の場合、社会の場合には境界が常にやかましい問題になる。明確に線が引けるならば、それを越境するなどということはあるまじきことなのです。それが常に越境しあい射ちあいをやる。そこに平衡とか静止とかがあっても、それは運動というものの地盤の上で一時的に成立つ表面の現象、或はそういうものの背景の前面に成立つ現象であるというにすぎない。〉（田辺元『哲学入門』筑摩書房、1968年、301~302頁。旧漢字は新漢字に、旧かな遣いは新かな遣いに改めた）

まさに田辺元が指摘した、越境が起きているのである。領土が奪われると、その次にはわれわれの社会、文化にも攻勢がかけられる。日本の生き残りを懸けた大きな闘いがすでに始まっているのだ。われわれは、「国境のインテリジェンス」を身につけて生き残らなくてはならない。そのための武器として本書を活用して欲しい。

第1章　この国に「国境のインテリジェンス」はあるか

アベノミクス指南役たちの危うさ 〈'13・3・1〉

安倍晋三政権[*1]が成立し、世の中はアベノミクスで浮かれている。もっとも長いデフレと不況のトンネルの中で、株やドル預金を持ち続けることができた国民はそれほど多くない。周囲を見渡してみよう。アベノミクスの恩恵を受けている人が具体的にどれくらいいるのだろうか。

この先、日本がバラ色の発展をしていくという感じはしない。しかし、過去10年の政治的、経済的、社会的閉塞感の中で、「もう悪い話は聞きたくない」というのが、国民の正直な気持ちだと思う。新聞やテレビなどのマスメディアは、国民の気持ちを敏感に察知する。そして、無意識のうちに安倍政権に関しては、良いことしか書かない。

もっとも、安倍応援団の言説を注意深くフォローしていると、不安になってくる。一例をあげるならば、安倍首相の指南役で、貨幣数量説[*2]を21世紀によみがえらせ、量的金融緩和政策によって、株価上昇と円安誘導を行った浜田宏一内閣官房参与（イェール大学名誉教授）の不気味な予言だ。

〈将棋でもそうだが、囲碁においては、打つ手の順序が重要となる。手順が前後してしまうと、勝てるはずの勝負も勝てなくなってしまう。

経済も同じだ。財務省の好む消費税率の引き上げを金融緩和の前に行ったら、それは完全な手順前後。国民経済は橋本龍太郎内閣の消費税引き上げと同じ経路をたどるだろう。デフレと円高に苦しむ日本経済が、需要増を伴わない消費財の価格高騰で、いっそう苦しむことになる。

その結果、税率を上げても税収は減る可能性がある。消費税収は増えたとしても、所得税や法人税が減少してしまう公算が大きいからだ。

デフレ下で増税して国民経済が回復した例は世界にない――。

日本経済は閉塞化し、円高、若年失業、輸出産業の崩壊、産業空洞化、地方の衰退といった、なし崩し的縮小が起きるのは必至だ。〉（浜田宏一『アメリカは日本経済の復活を知っている』講談社、2013年、213～214頁）

この記述を読んで、筆者は背筋が寒くなった。日本には2つの種類のエリートがいる。第1は、国民の選挙によって選ばれた政治家だ。第2は、国家公務員試験や司法試験に合格して政府に採用された官僚である。官僚は、世界で自分がいちばん頭がいいと勘違いしている人々によって構成されている。日本の官僚採用システムは、典型的な後進国スタイルだ。明治維新以後、近代化を急いだために、とにかく記憶力がよい若者を集め、促成栽培した。国家公務員試験、司法試験などの難関といわれる試験に合格するためには、教科書（基本書）を2、3冊読んで、その内容を正確に記憶すればよい（必ずしも理解する必要はない）。そして、その後は、耳学問と経験を積んでいけば、国家運営ができるというのが官僚の発想だ。

そういう官僚からすれば、国民は無知蒙昧な有象無象だ。それだから、国民の選挙によって選ばれた国会議員は、有象無象のエキスのようなものである。その国会議員から選ばれた、内閣総理大臣（首相）、国務大臣、副大臣、政務官などの言うことをまともに聞いていたら国家が崩壊してしまうというのが、官僚の率直な認識だ。週刊誌にときどき掲載される霞が関官僚の覆面座談会では、夜郎自大な官僚の発想が露骨に現れる。もっとも、こういう官僚は、本質において小心で、ひよわなエリートだ。特に外務官僚は、実名で発言するような状況になると萎縮してしまい、批判を受けるようなことは一切言わない。また、エリート官僚の知的水準がどの程度かは、その著作を読めばよくわかる。国際情勢を分析する場合に世界史の知識が不可欠だ。外務省幹部でも「賢者は歴史に学ぶ」とか言って、歴史の重要性を強調する人は多い。安倍政権の内閣官房副長官補をつとめる兼原信克[*3]氏もその1人だ。兼原氏は２０１１年に日本経済新聞出版社から『戦略外交原論』を上梓した。早稲田大学法学部での講義をもとにした本で、価値観外交の基本哲学を記している。安倍政権の外交戦略を予測する上で、本書は基本書になる。ただし、歴史に関する記述を読んでいると不安になってくる。

例えば、宗教改革に関する以下の記述だ。

〈宗教改革は、イタリアから始まった。15世紀には、スフ（引用者註＊原文のママ。フス[*4]の誤記もしくは誤植であろう）やサヴォナローナという改革者が火炙りにされた。しかし、一度燃え上がった宗教的覚醒の火は消えない。やがて16世紀になると、ドイツにルターが出て、フランスにカルヴァンが出る。この2人が当時の欧州に与えた衝撃は大きい。〉（兼原信克『戦略外交原論』日本経済新聞出版社、２０１１年、２４７～２４８頁）。

宗教改革がイタリアから始まったというのは、よく言って「独自研究」、率直に言えば珍説だ。１４１５年のコンスタンツの公会議で火刑に処せられたフスは、ボヘミア（現在のチェコ共和国西部）の出身で、ドイツとの関係は深いが、イタリアとは無関係である。

さらに宗教改革の系譜を遡るならば、14世紀英国のウィクリフに至るというのが通説だ。

さらにこんな記述もある。

〈ロックの活躍した17世紀の英国では、清教徒革命[*5]以降に政治が混乱していた。日本では徳川幕府が立ち上がる頃である。当時英国では、宗教改革のうねりの中で、ヘンリー8世の国教会創設があり、清教徒革命があり、それに対する反革命が生じ、ついに名誉革命によって頑迷なジェームズ2世を追放して大陸からオランダのオレニエ公を迎えるという事態に発展した。英国貴族議会は、王位に就けたとはいえかつての宿敵であるオランダ領主を兼ねた新英国国王の権限に厳しい制約を課し、マグナ・カルタを作成した。今日から見れば、民主主義の奔りであるが、当時の常識からすれば下剋上もいいところである。〉（前掲書251頁）

名誉革命[*6]は、1688～89年の出来事で、マグナ・カルタ[*7]は1215年に制定されている。この記述は、日本史にあてはめるならば、明治維新（1868年）の結果、御成敗式目（1232年）ができたというくらい、頓珍漢な内容だ。歴史的基本事項を勘違いしているために兼原氏の優れた外交戦略が過小評価されてしまうことを筆者は懸念する。深く専門的な情報は、教科書に書いてある通説を熟知している人しか得られないのである。耳学問でいい加減な知識しかもっていないと、大きな過ちを犯すことがある。外交官になるための試験で、近代より前の世界史の知識は必要とされない。それだから安倍首相の外交戦略を構築する外務省幹部が、「宗教改革はイタリアから始まった」とか「イギリスでは名誉革命の結果、マグナ・カルタ（1215年）が採択された」という珍説をテキストに残すことになる。通常、出版に際しては、事実関係をチェックする校閲が行われる。「エリート外交官が歴史的事実関係で、中高校生レベルの間違いをすることはない」という先入観があるから、編集者、校閲者のチェックを経ずにこのような本が出てしまうのだ。そして、国際政治、特にインテリジェンスの専門家は、「西洋史の基本的な事実関係があやふやな人の考えた外交戦略を信頼することはできない」あるいは「このレベルの教養で日本の外交戦略は構築されているので、知的対話をしても意味がない」と考える。外務官僚の皆さんにおかれては、池上彰氏が書いた概説書をきちんと読んで、中学・高校レベルの常識を身につけて欲しい。

さて、霞が関官僚の中で最も優秀なのが財務官僚だ。財務官僚は、ありとあらゆる手法を用いて、菅直人、野田佳彦の両首相に「消費増税だけが日本の生きる道」と吹き込んだ。自民党政権になったからといって、現行5％の消費税を2014年4月からの8％、20

１５年10月から10％に引き上げることを、財務官僚があきらめるはずがない。おそらくは、２０１３年２〜６月までの経済指標が改善していることを理由に、政府は消費増税を進めるであろう。そうなると浜田内閣官房参与が危惧する「日本経済は閉塞化し、円高、若年失業、輸出産業の崩壊、産業空洞化、地方の衰退といった、なし崩し的縮小が起きる」であろう。

普通の国民からすれば、賃金が上がらず、リストラの恐怖に怯えることになる。嫌な時代がやってくるかもしれない。新自由主義政策に対する忌避反応が強まるとともに[*8]、ケインズ型のインフレ政策が万能薬のような扱いを受けているが、もともとマルクス経済学を学んできた筆者には、強い違和感がある。仮に名目賃金が上がっても、それ以上に物価が上がれば、労働者の実質賃金は低下する。ケインズ政策の本質は、実質賃金を低下させることにより、資本の力を一層強くすることだ。

アベノミクスに批判的な[*9]野口悠紀雄氏（一橋大学名誉教授）は、インフレ政策が普通の国民に対して与える影響についてこう述べる。

〈インフレが進行すれば、国債残高の実質価値は低下する。他方で、家計が保有する定期預金の実質価値は下落する。このようなメカニズムを通じて、家計から政府への所得移転が起こる。家計の消費が強制的に削減されることによって、マクロ的な経済のバランスが達成されるわけである。

つまり、インフレは税と同じ経済効果を発揮するのだ。この効果を表現するため、しばしば「インフレ税」という表現が用いられる。

「インフレ税」は、国民が国会の議決を通じて拒否できないという意味で、財政民主主義の基本に反する財源調達法だ。憲法に定める「租税法律主義」の精神に反するものである。

租税法律主義は、政府が勝手に財政支出を拡大できないように国会がチェックできるための規定だ。それを否定してしまえば、国会や政治家は、自らの最も重要な任務を否定してしまうことになる。したがって、日銀引き受けの容認は、国会や政治家の自殺行為だ。

この基本的な点が、多くの人に理解されていない。そして、「官僚排除、政治主導」を標榜する人までもが日銀引き受けを容認して、官僚に無限の財源を与えようとしている。この矛盾に気づかないのは滑稽極まりないことであるが、それがもたらす結果があまりに重大であることを考えれば、悲劇としか言えない状態だ。

インフレ税は、きわめて過酷で不公平な税である。負担が公平の原則とは無関係に生じるからだ。まず、低所得者に対しても情け容赦なく襲いかかる。裕福な人は贅沢を我慢すればすむが、最低所得水準の家計は生存を脅かされる。また、定期預金のような名目資産に重くかかり、不動産のような実物資産にはかからない（むしろ、利益をもたらす可能性もある）。

このような事態が予測されると、資産の海外逃避が起こる可能性がある。それは円安をもたらし、輸入インフレをもたらす。つまり、事態が前倒しで発生する可能性もあるわけだ。〉（野口悠紀雄『金融緩和で日本は破綻する』ダイヤモンド社、２０１３年、２２５〜２２６頁）

野口氏の分析が正しいならば、現在進行中の円安は、崩壊の序曲なのである。

新・帝国主義の波と中国の性悪

重要なのは、野田佳彦前民主党政権の増税路線も、現政権のアベノミクスも、当事者の主観的な意図はともかく、新・帝国主義的な転換が進む国際社会のなかで、日本国家が生き残ろうとする試行錯誤の過程で起きていることだ。

国家も民族も、時代の変化に対応して生き残っていかなくてはならない。生き残るためには、知力と意志力の双方が必要になる。しかし、その双方を結びつける回路がなかなか見つからない。その間にも、国際社会は急速に帝国主義的傾向を強めている。帝国主義も生き物だ。時代とともに変化する。19世紀末から20世紀初頭にかけて帝国主義国は、植民地を求めて、抗争を繰り返した。帝国主義政策によって2度の世界戦争を引き起こされ、これまでの人類が経験したことのない大量殺戮と大量破壊をもたらした。その結果、帝国主義は絶対悪ととらえられるようになった。しかし、帝国主義は、善悪という価値基準を超えて、資本主義が発達する過程で必然的に起きる現象だ。帝国主義とは、外部である他国（場合によっては国内の辺境地域）からの搾取と収奪を強めて、生き残り、発展していこうとする大国の本能に基づいている。米国、中国、EU（欧州連合）、ロシアなどは、いずれも高度に発達した資本主義国で、帝国主義政策をとっている。ちなみにEUは、ドイツとフランスを枢軸とする広域帝国主義連合だ。英国は、EUに加盟しながらも、独自通貨ポンドを維持し、米国とEUの間で巧みなバランスをとり、また大英帝国の旧植民地諸国のネットワークであるコモンウエルス（英連邦）と特別の紐帯を維持した帝国主義政策をとっている。中国も政治的には共産党の一党独裁体制が敷かれているが、経済は資本主義で、露骨な帝国主義政策を展開している。

21世紀の帝国主義国は植民地を求めない。その理由は、人類が文明的になり、人道主義が発展したというよりも、植民地を維持するコストが高まったからだ。また、帝国主義国は全面戦争を避ける。全面戦争によって、共倒れになることをどの帝国主義国も恐れるからだ。植民地支配をせず、全面戦争を避ける傾向がある21世紀の帝国主義を、以前から筆者は新・帝国主義と呼んでいる。

新・帝国主義になっても、外部からの搾取と収奪により生き残りを図るという帝国主義の本質は変化しない。帝国主義国の行動様式は次のようになる。

まず、帝国主義国は、相手国の立場を考えずに最大限の要求を突きつける。それに対して、相手国が怯み、国際社会も沈黙するならば、帝国主義国は強引に自国の権益を拡大する。これに対して、相手国が必死になって抵抗し、国際社会も「いくら何でもやりすぎだ」という反応を示すと、帝国主義国は譲歩し、国際協調に転じる。これは、帝国主義国は反省し、心を入れ替えたからではない。これ以上、一方的に自国の権益を主張すると国際社会の反発が強まり、結果として自国が損をすることを計算して、帝国主義国は国際協調に転じるのである。そして、相手国が弱体化し、国際世論の流れが変わり、再び自国の権益を拡張する機会を帝国主義国は虎視眈々と狙っている。

国家は本質において性悪だ。帝国主義においては、国家の性悪さが拡大される。この性悪さが端的に表れているのが中国だ。2013年2月5日夜、小野寺五典防衛相[*10]は、1月30日、公海上で海上自衛隊護衛艦が中国海軍艦船により火器管制レーダー[*11]の照射を受けた事実を明らかにした。この事件の11日前、1月19日にも中国海軍艦船が海上自衛隊護衛艦搭載のヘリコプターに対して火器管制レーダーを照射した。

〈安倍晋三首相は（2月）6日午前の参院本会議で、中国海軍艦艇による射撃管制用レーダーの照射について「不測の事態を招きかねない危険な行為であり、極めて遺憾だ。戦略的互恵関係の原点に立ち戻って再発を防止し、事態をエスカレートしないよう強く自制を求める」と述べた。首相は、外交ルートを通じて中国側に抗議し、再発防止を要請したことを強調。「日中両国で対話に向けた兆しが見られるなかで、一方的な挑発行為が行われたことは非常に遺憾だ」と批判した。〉（2月6日・MSN産経ニュース）

安倍首相は、言葉を選んでいるが、「不測の事態を招きかねない危険な行為であり、極めて遺憾だ」という表現は、外交的にかなり強い懸念の表明だ。火器管制レーダーを照射するということは、平たく言って、「いつでも攻撃する用意がある」ということだ。中国は、挑発のレベルをどこまで上げれば日本が実力行使に出るかという「レッドライン」を慎重に見極めている。今回の中国側の挑発行為に対して、政府と国民が一丸となって反撃しないと、中国はさらに挑発のレベルを上げ、そう遠くない将来に偶発的な日中武力衝突に発展しかねない。事態はかなり緊迫している。現状に対して防衛省は強い危機意識を持っている。特に2月7日の衆議院予算委員会における小野寺五典防衛相の答弁が重要だ。

〈小野寺五典防衛相は7日午前の衆院予算委員会で、中国海軍の艦艇による海上自衛隊護衛艦への射撃管制用レーダー照射に関し「国連憲章上、武力の威嚇に当たるのではないか」との認識を示した。同時に「このような事案が起きないよう海上の安全メカニズムを日中間で協議する窓口も必要だ」と述べ、海上での偶発的な衝突を防ぐため、日中防衛当局間などの「ホットライン」構築が重要との考えを示した。自民党の石破茂幹事長への答弁。〉（2月7日・MSN産経ニュース）

国連憲章第2条4項は、「すべての加盟国は、その国際関係において、武力による威嚇又は武力の行使を、いかなる国の領土保全又は政治的独立に対するものも、また、国際連合の目的と両立しない他のいかなる方法によるものも慎まなければならない。」と定めている。公海上での中国海軍艦船による海上自衛隊護衛艦並びにヘリコプターへの火器管制レーダーの照射が「武力による威嚇」であるという日本政府の認識を小野寺防衛相が示したことにより、日中関係は相当程度緊張する。なぜなら、この発言によって、日本は、「中国が、国連憲章を含む国際社会で確立されたルールを無視する無法者である」という宣言を国際社会に対して行ったからだ。

中国は、中国海軍艦船が火器管制レーダーを照射した事実はないと事実関係を全面的に否定し、本件は日本によるでっち上げであるとの宣伝活動を行っている。

〈「日本の説明は、全くのでっち上げだ」

8日午後、中国外務省の定例会見。華春瑩・副報道局長は、強い口調で語り始めた。前日までの「関係部門に問い合わせて欲しい」という態度とは打って変わり、「今回の事態を通じ、日本は一体何をしたかったのか。今後は、二度とこうした小細工をしないよう望む」とまで言い切った。

日本政府の発表から3日間の沈黙をおき、中国政府が動き始めたのは8日朝。入念に検討を重ねたうえで、全面否定と日本批判という「統一見解」を打ち出したといえる。

まずは国防省のウェブサイトのトップ項目が退役幹部の行事のお知らせから、「火器管制レーダーは使用していない」との声明に切り替わった。尖閣諸島周辺海域での日本の

「主権侵害」を主張する過去のニュースも3本並べ、一気に日本非難にかじを切った。

直後には、レーダー照射を全く報じてこなかった国営新華社通信も日本批判を開始。中央テレビのアナウンサーは「日本が計画的に虚偽情報をまき散らした」と断じ、日本と真っ向から対抗することを強調した。〉（2月8日・朝日新聞デジタル）

現地の海軍当局が事実無根という報告を北京の中央政府に対して行った。中国政府は、「日本政府の主張と中国海軍の主張が食い違っているならば、中国海軍の主張が正しいとする」という方針を採択した。従って、今後、日本がいかに客観的かつ実証的なデータを提示しても、中国当局がそれを認めることはない。中国としては、火器管制レーダーの照射を認め、日本側の挑発行為に対する防禦活動と強弁することもできた。そのシナリオを取らなかったのは、火器管制レーダーの照射を認めれば、それが小野寺防衛相が指摘した「武力による威嚇」と国際社会に受け止められ、外交的に中国が不利な状況に追い込まれると考えたからである。そこで火器管制レーダーの照射自体がなかったと「大きな嘘」をつき、問題を「あった」「なかった」の水掛け論に持ち込み、国際的非難をかわすことを計算している。

ここで興味深いのがロシアの反応だ。2月8日、ロシア国営ラジオ「ロシアの声」（旧モスクワ放送）が、中国による火器管制レーダーの照射は事実で、尖閣諸島をめぐる日中の力関係を変化させようとする中国の戦略に基づくものであるというワシーリー・カーシン記者の論評を報じた。この論評は、ロシアのインテリジェンス機関の評価を踏まえてなされたものと見られる。

〈中国の053H3型フリゲート艦が日本の海自の護衛艦を標的としてレーダー照射したのは1月30日の事だったが、この行為は、尖閣諸島をめぐる係争海域での中国の行動モデルが取って替わるというテーゼを最終的に確認するものと見なす事ができる。

比較的最近まで、中国は、自国の軍事力を尖閣諸島沖や南シナ海といった係争地区で誇示する事をそもそも避けていた。こうした場所で中国が存在を誇示していたのは、国家海洋局海洋モニタリング部の艦船や航空機、魚類保護や税関の船上の中国旗によってだった。これらの船や飛行機を操縦しているのは軍人ではなく、搭載している武器も原則として偶発的な出来事に備えるためのもので本格的なものではない。このように中国は、領土的利益を断固主張しながらも、その一方で、軍事力で隣国を威嚇する気持ちがなく、あらゆる努力を傾けて軍事紛争を避けようとしている姿勢を示してきた。

ところが状況は変化した。まず1月10日、中国は係争地区に北海艦隊の偵察機Y－8を派遣、その後、自分達のパトロール・ゾーンに日本のF－15J戦闘機2機が現れたことに対抗して、同じく2機のJ－10戦闘機をそこに送った。翌日この示威行動に、日本側の情報では「武器を搭載した」ほぼ完全な編隊を組んだ形での爆撃機JH－7／7Aによる尖閣諸島周囲での飛行が加わった。

そして、こうした行動がエスカレートしてゆく次の段階として行われたのが、今回問題になった日本の護衛艦へのレーダー照射だった。火器管制レーダーの照射は、武器を使用する前の最後の措置である。これは、火器管制システムが、標的を攻撃するためのデータを連続して作成している事を意味する。もし2隻の船を2人の兵士になぞらえるなら、レーダーによる標的の捕捉とそれに付随する行為は、弾丸の入ったライフル銃を敵に向け照準を合わせるに等しい。そうした条件においては、挑発者自身により偶然引き金が弾《(原文ママ)》かれる可能性もないわけではないし、標的とされた側の船の乗組員が、生命の危険を感じて衝動的に危険な行為に出る事もあり得る。

なお日本側へのレーダー照射は、1月30日が最初ではなかった。1月19日にも中国側は、日本の艦船から飛び立ったパトロール用ヘリコプターにレーダー照射を行った。尖閣諸島海域において日本と中国の艦船は、互いに大変近い距離でパトロール活動を展開している。

日本の艦船にレーダー照射した053H3型フリゲート艦は、その後「ツャンフー」タイプのフリゲート艦に発展しているもので、1990年代から2000年代初めにかけて建造された。053H3型は、短距離高射ミサイルHQ－7、巡航ミサイルYJ－83、100ミリ砲などのシステムを搭載している。全体的に旧式ではあるが、このタイプのフリゲート艦は、近距離での戦闘ではかなり危険な存在と言える。今回のレーダー照射では、中国と日本の艦船の間の距離は、およそ3千メートルに過ぎなかった。

中国側は、自国の艦船が日本の護衛艦をレーダー照射した事を否定し、これは中傷であるとし、中国船のすぐ近くで日本が危険な策略をめぐらしていると非難している。しかし、以前も中国人民解放軍が威嚇のため、そうした行為をしてきたことはよく知られている。例えば2001年、中国空軍のスホイ27型機は、台湾海峡上空で台湾のミラージュ戦闘機に対しレーダー照射を行った。また今回の事件の直前、中国の軍事専門家の一部には、レーダー照射をすべきだとの声があったのも事実である。

はっきりしているのは、中国が、領土問題における行動方針を変え、相手の強さを試す事にしたということだ。近く我々は、中国指導部の目論見が正しかったかどうか、この目で見る事になるだろう。〉

「ロシアの声」は国営放送なので、ロシア政府の利益に反する論評は行わない。本件に関し、東シナ海における海洋秩序を一方的に変化させようとする中国の策略にロシアが強い警戒感を持っているので、このような論評が報じられたのだ。

ロシアですらこのような対応を取っているのに、日本外務省の反応を見ていると心配になってくる。国際法の有権的解釈を日本政府において行うのは外務省国際法局だ。本来ならば、外務省がもっと前面に出て、「今回の中国によるわが海上自衛隊護衛艦とヘリコプターに対する火器管制レーダーの照射は、国連憲章第2条4項で禁止されている武力による威嚇だ」と強く訴えるべきであるが、そうなっていない。〈外務省は河相周夫事務次官が8日に程永華《チェンヨンホワ》中国大使を呼んで抗議。「レーダーの周波数などの電波特性や護衛艦と相手の位置関係などを詳細に分析した」と、主張の正しさを訴えた。〉（2月8日『朝日新聞』デジタル）にとどまる。河相次官による中国大使への抗議は、「風呂の中の屁」くらいの意味しかない。中国は帝国主義国だ。中国の挑発行為に対して、外交的に日本が怯んでいると、中国は挑発を更にエスカレートさせてくる。中国の無法行為に外務省は必死になって抵抗するとともに、国際世論を日本の味方に引き入れるべく努力すべきだ。ロビー活動とともに「コリント」（COLLINT、協力諜報）を強化する必要がある。外務省国際情報統括官組織は、CIA（米中央情報局）のみならず、今回、明示的に日本に対する好意的シグナルを出しているSVR[*12]（露対外諜報庁）とも意見交換を密にすべきだ。日本はインテリジェンス面で、米露と連携し、中国を封じ込める努力をすべきだ。ロビー活動とインテリジェンスの両面において、外務官僚トップである河相次官の見識と指導力が問われている。

TPP反対派が陥る「反米ナショナリズム」

北朝鮮情勢を巡っても、外務省のインテリジェンスが弱いために、日本は守勢に追い込まれている。2013年2月12日午前11時57分頃、北朝鮮が3回目の核実験を行った。今回の核実験に関して、過去と比較して北朝鮮は積極的に情報を開示している。2月12日14時20分頃には、朝鮮中央通信が核実験の成功について、以下の発表を行った。

〈第3回地下核実験に成功

わが国防科学部門は、チュチェ102（2013）年2月12日、北部の地下核実験場で行った第3回地下核実験に成功した。

核実験は、わが共和国の合法的な平和的衛星打ち上げの権利をはなはだしく侵害した米国の極悪非道な敵対行為に対処して、国の安全と自主権を守るための実際的対応措置の一環として行われた。

これまでと違って爆発力が強く、小型化、軽量化された原子爆弾を用いて高い水準で安全、かつ完璧に行われた今回の核実験は周囲の生態環境にいかなる否定的影響も与えなかったということが確認された。

原子爆弾の作用特性と爆発力など、すべての測定結果が設計値と完全に一致し、多種化されたわれわれの核抑止力の優れた性能が物理的に誇示された。

今回の核実験は、宇宙を征服したその精神、その気迫で強盛国家建設にこぞって立ち上がったわが軍隊と人民の闘争を力強く励まし、朝鮮半島と地域の平和と安定を保証するうえで重大な契機となるであろう。〉（2月12日・ネナラ〔朝鮮語で〝わが国〟の意味。事実上、北朝鮮政府が運営しているウエブサイト〕日本語版）

ここで注目されるのは、北朝鮮が「これまでと違って爆発力が強く、小型化、軽量化された原子爆弾」の実験であると強調していることだ。弾道ミサイル搭載が可能であることを示唆することによって、北朝鮮の交渉スタンスを優位にしようとしている。実際に北朝鮮が、原爆の小型化に成功したという見方をする専門家は少数派である。

北朝鮮の外交交渉術の特徴は、「求愛を恫喝で表現する」ことだ。今回も、北朝鮮の人工衛星打ち上げ（事実上の弾道ミサイル発射）に対する米国の非難が核実験の原因となったという議論を展開しているが、核実験は以前より予定されていたタイムスケジュールに沿ったものである。今回、北朝鮮は、米国を刺激しないように最大限の配慮をしている。核実験前日の2月11日に中国とともに米国に対しても、近日中に核実験を行うことを予告している。さらに米朝間には、すでに良好なインテリジェンス・チャネルが構築されていると見られる。2月15日の朝日新聞デジタルの報道が興味深い。

〈米高官、極秘訪朝3回　11年末以降　日本、情報から疎外

【牧野愛博】米政府高官が2011年11月から昨年8月にかけて少なくとも3回、平壌で北朝鮮の政府高官と極秘に接触していたことがわかった。米政府から日本政府に対して公式な説明はなかった。北朝鮮の3回目の核実験を受け、日米間の緊密な連携が求められているが、同盟国・日本でさえ共有できない「情報の壁」が浮き彫りになった。

日米韓の政府関係者らが明らかにした。11年11月、米領グアムの空軍基地を出発した米

軍機が横田基地でブルドーザーなどの重機を積み込み、平壌に向かった。米太平洋軍関係者らが搭乗していたとみられ、北朝鮮側と朝鮮戦争当時に行方不明になった米兵の遺骨捜索と収集方法について協議したという。

12年4月7日と8月18〜20日には、それぞれ米軍機がグアム基地と平壌間を往復した。搭乗者は米国家安全保障会議（NSC）のセイラー朝鮮部長と、国家情報長官室のデトラニ北朝鮮担当主任（昨年5月に離任）とみられる。北朝鮮の張成沢《チャンソンテク》国防副委員長らと面会し、金正日《キムジョンイル》総書記死去後の政策などを探ったとされる。

空軍基地などを観察する愛好者からの通報や飛行計画などで米軍機の訪朝を知った日本政府が米側に説明を求めたところ、一昨年11月の訪朝に関しては非公式な説明があった。残る2度については、米国は「インテリジェンス（諜報《ちょうほう》）の問題」として不快感を表明。米国務省は、日本外務省に「これ以上の問い合わせは両国関係を損ねる」と警告したという。〉

この報道を通じ、米国は日本の政治エリートに対し、「北朝鮮との間にすでに対話チャネルが構築されている。米朝間には、核、弾道ミサイルをめぐってゲームのルールが形成されつつある」というシグナルを送っている。北朝鮮は、米国にとって、「この線を超えれば北朝鮮に対して武力行使を行う」という「レッドライン」は、北朝鮮が製造した核兵器、弾道ミサイルを外国（特にイランやシリアなどの中東諸国）に販売することであると認識している。裏返して言うならば、北朝鮮の核兵器と弾道ミサイルの保有については、金正恩政権[*13]を外交的に厳しく非難し、一定の制裁を科すことはあっても、事実上、黙認すると見ている。そして、事態は北朝鮮の想定通りに推移していくであろう。外務省には米国と北朝鮮がどういうゲームを行っているのか見えているのであろうか。はなはだ心もとない。

日本外交も悪いことだけではない。安倍政権は政治主導で、対中国包囲網の形成にも取りかかり始めている。２月22日午後（現地時間、日本時間23日未明）、米国ワシントンで行われた日米首脳会談の結果、ついにＴＰＰ[*14]（環太平洋戦略的連携協定）に日本が参加する見通しがついた。

〈北朝鮮の核実験に対し、両国が連携して厳しく対処する方針を確認。日米両首脳は環太平洋戦略的経済連携協定（ＴＰＰ）交渉参加について「一方的に全ての関税撤廃をあらかじめ約束することを求められるものではない」と確認する共同声明を発表した。〉（２月23日・ＭＳＮ産経ニュース）

安倍晋三首相の常識的な判断によって、ようやく日本は正常な経済外交を行えるようになる。農水省ガット室長をつとめた山下一仁氏[*15]（キヤノングローバル戦略研究所研究主幹）の以下の指摘に筆者も全面的に賛成だ。

〈TPP反対論が盛んになったのは、菅政権の初期作動の間違いにも原因がある。交渉に参加するかどうかは、行政の判断で出来ることである。交渉の結果は、国会で批准・承認されるので、与党、国会の承認が必要となる。ガット・ウルグァイ・ラウンド交渉[*16]も農業を巡り大変な交渉となったが、交渉を開始するのに、与党の承認を受けたのではない。唯一、自民党政権時代に、タイや豪州などと自由貿易協定交渉を開始するに当たり、農業議員の反対が強いうえ、協定を結ぶ相手国があることから、与党に事前に根回しを行った。しかし、一大農産物輸出国である豪州と自由貿易協定交渉を開始しているように、与党の完全な了解を受けて交渉するというより、官邸など政府が主導権を握ったものだった。しかし、菅政権はTPP交渉に参加するかどうかを、与党と本格的に協議してしまった。農業議員が賛成するはずがない。こうして、だらだらと反対が続くという状況になってしまった。〉（山下一仁『TPPおばけ騒動と黒幕』オークラNEXT新書、2012年、116頁）

外交は政府の専管事項であるので、民主党政権時代にさっさとTPP交渉を始めてしまえばよかったのである。日本にTPP参加以外のシナリオがないことがわからない有識者が多いことに筆者は驚いている。そもそもTPPの基本思想は自由貿易ではない。自由貿易は普遍的な概念で、世界的規模で展開されるのが筋だ。特定の地域で自由貿易を行うという発想は、歴史的に見て、フリードリヒ・リスト[*17]（1789〜1846年）関税同盟に近い。関税同盟の内側と外側を分けるという保護主義に親和的だ。もっとも、ヒト、モノ、カネの移動が容易になった21世紀において、1930年代のような保護主義的なブロック経済を構築することはできない。しかし、TPPの本質は、米国、日本、オーストラリアを中軸に、共栄圏を構築していくということだ。日米、米豪、米ニュージーランドの間の軍事同盟を経済面でも一層強化していくという意味がある。

TPPの外部に想定されているのは、中国だ。経済力、政治力のみでなく、軍事力を背景に、国際社会で確立されている既存のゲームのルールを一方的に変更し、露骨に帝国主義的利益を拡張しようとする中国を、ソフトな手段で封じ込めるために、TPPは必要不可欠なのである。

残念ながら、論壇の一部にはTPPが米国が日本に対する収奪を強めるための陰謀であるという見方が根強くある。そういう有識者は、あたかも日本が米国の従属国であるかのごとき論を展開し、反米ナショナリズムを煽り立てようとする。この傾向は、極めて危険だ。中国の帝国主義的拡張政策に対抗する現実的手段が、日米同盟を深化させることだ。日本がＴＰＰに参加することによって、日米同盟は確実に強化される。

国際関係は、力と力の均衡において形成される。隣国との力関係が変化するときに国境も変化する。外交における真理は具体的だ。国際問題の現象や本質について、いくら精緻で深い議論を展開しても、それが日本国家と日本人の生き残りにとって、実際に使われないなら、知的遊戯に過ぎない。知的遊戯を楽しむ余裕は、われわれに残されていない。国境のインテリジェンスをめぐる具体的課題の8割が、日本が今後、中国とどのような関係を構築するかという問題に収斂される。中国が日本にとって潜在的脅威であるというのは、間違えた見方だ。中国は、日本にとって顕在化した現実的脅威である。中国が展開する国際法と国際社会で受け入れられているゲームのルールを無視して、一方的に自国の権益を拡大する傾向に歯止めをかけることが、日本国家と日本人の生き残りにとって焦眉の課題だ。そのためには、知恵（インテリジェンス）を働かした、ソフトな対中封じ込め政策が必要になる。[*18]武器輸出三原則の緩和、ＴＰＰ、ＡＳＥＡＮ諸国、インドとの安全保障面での協力強化、ロシアとの戦略的パートナーシップの構築などは、すべて中国を意識して行われていることだ。「わが国の戦略は、対中封じ込めだ」「中国を封じ込めるだけでは不十分なので、巻き返せ」と公然と叫ぶ必要はない。中国の露骨な新・帝国主義的拡張を結果として封じ込めることができる国際関係を構築し、日本にとって有利なゲームのルールを中国に受け入れさせることを日本の戦略目標とすべきだ。日本のＴＰＰ参加はそのための第一歩になる。

＊１　安倍晋三（１９５４〜）　第96代内閣総理大臣。神戸製鋼所を経て、93年衆議院議員初当選。内閣官房副長官、自民党幹事長、官房長官を歴任し、第90代総理に就任。戦後レジームからの脱却を目指し、教育改革と防衛省昇格を成し遂げるが、閣僚の度重なる醜聞、２００７年参院選の大敗、自身の体調不良も重なり、衆院本会議の代表質問直前に突然の退陣表明。３６６日の短命政権に終わる。12年衆院選で再び政権に返り咲く。

＊２　浜田宏一（１９３６〜）　経済学博士。東京大学経済学部教授、イェール大学経済学部教授を経て、同大学名誉教

授。内閣官房参与。2%のインフレターゲットを導入するなど、安倍首相が進める経済政策「アベノミクス」の理論的支柱。日本のバブル崩壊後の経済停滞は金融政策の失敗が主たる要因として、日本銀行批判を展開。

＊3　兼原信克（1959〜）
外務省欧亜局ロシア課首席事務官、北米局日米安全保障条約課長、在米日本大使館公使、外務省国際法局長などを経て、内閣官房副長官補。

＊4　フス（1369頃〜1415）
ヤン・フス。宗教思想家。宗教改革者。宗教運動を嫌ったカトリック教会は聖職者批判などのフスの動向を許さず、破門。コンスタンツ公会議で有罪とされ、それまでの自身の主張の放棄を求められるがこれを承諾せず、焚刑に処せられた。

＊5　清教徒革命
1641〜1649年にかけてイングランド、スコットランド、アイルランドで起こった。チャールズ1世の専制政治に議会が反抗、武力衝突へ。議会派のクロムウェルが清教徒による新式軍隊を組織し、国王派を破り、共和国を立てるが、クロムウェルの死後、再び王政に戻った。

＊6　名誉革命
1688年に起こったイギリスの革命。国王ジェームズ2世の議会無視に反対した議会が国王を追放し、その長女メアリーと夫・オランダ総督のウィレムを統治者として迎え

た無血革命。イギリスにおける立憲君主制の基礎をつくった。

＊7　マグナ・カルタ
イングランド王のジョンが封建貴族たちに強制されて承認した、前文と63条からなる文書（1215年）。封建貴族の特権を認めさせる一方で、国王の権限の制限、法による支配を明文化。

＊8　ケインズ（1883〜1946）
ジョン・メイナード・ケインズ。イギリスの経済学者。1929年の世界大恐慌から立ち直れない経済状況を分析し、著書『雇用、利子および貨幣の一般理論』にまとめる。需給ギャップを埋めるためには政府が経済政策によって有効需要をつくることが必要と説いた。

＊9　野口悠紀雄（1940〜）
経済学者。一橋大学教授、東京大学教授、スタンフォード大学客員教授、早稲田大学大学院教授などを経て一橋大学名誉教授。インフレ目標2％は達成不可能、過去の金融緩和には意味がなかったとしてアベノミクスを批判。浜田宏一氏との直接論戦となったNHK「日曜討論」が話題に。

＊10　小野寺五典（1960〜）
防衛大臣。外務大臣政務官、外務副大臣、東日本大震災復興特別委員会委員などを経て現職。宮城県気仙沼市の実家と自宅は津波で被災し全壊した。

＊11　火器管制レーダーの照射
2013年1月30日、沖縄県の尖閣諸島周辺の東シナ海で海上自衛隊の護衛艦が中国海軍のフリゲート艦からレーダー照射を受けた。この照射は目標物を正確に射撃するための準備行為であり、事実上の軍事行動とされる。中国外交部は「日本側の見解は根拠のない捏造」と主張。

＊12　SVR
ロシアの諜報機関。ソ連時代のKGBで対外諜報活動を担当していた第一総局の後継機関にあたる。1991年のKGB分割後に成立。

＊13　金正恩（1984～）
朝鮮民主主義人民共和国の朝鮮労働党第一書記。最高指導者であった金正日の三男。国防委員会第一委員長、中央軍事委員会委員長、中央委員会政治局常務委員、朝鮮人民軍最高司令官。2010年の韓国・延坪島砲撃事件を指揮したとされる。12年12月に衛星発射（実質上のミサイル）、13年2月には3度目の核実験を実施。「小型化・軽量化・爆発力の大型化に成功」と発表。

＊14　TPP
環太平洋戦略的経済連携協定。アジア太平洋地域における貿易の高い自由化を求める。シンガポール、ニュージーランド、チリ、ブルネイによる2010年のP4協定に、米国、豪州、ペルー、ベトナムを加えた8カ国で交渉開始。その後、マレーシア、メキシ

コ、カナダが参加し、現在11カ国。関税撤廃による貿易自由化で日本製品の輸出額の増大が見込まれるとの展望の半面、海外の安価な商品や農作物の流入によって国内産業へのダメージを危惧する声も。安倍首相は「聖域なき関税撤廃が前提でないことが明らかになった」として事実上の参加を表明している。

＊15　山下一仁（1955〜）

（独）経済産業研究所上席研究員（非常勤）。日本大学大学院グローバル・ビジネス研究科講師。日本の農政アナリスト。

＊16　ガット・ウルグアイ・ラウンド交渉

1986〜94年に行われた自由貿易化促進を目指した通商交渉。交渉開始宣言の地・ウルグアイの名を冠する。

＊17　フリードリヒ・リスト（1789〜1846）

ドイツの経済学者。欧州統一理論家で、その主張は欧州経済共同体の基盤となった。1834年にドイツ関税同盟を成立させる。

＊18　武器輸出三原則

共産圏、国連決議で武器禁輸になっている国、国際紛争の当事国あるいはその恐れのある国に対する武器輸出を承認しないとするもの。1967年の佐藤栄作首相（当時）の答弁による。実戦に使われているトラックや無線機などは武器ではないとし、また米国とのミサイル防衛（ＭＤ）の共同開発も例外と規定する。

第2章　日本を狙う国際社会

竹島問題に取り組む国会議員を入国拒否した韓国の不愉快な策

〈'11・9・1〉

国際社会では弱肉強食の帝国主義傾向が強まっている。その流れを勘違いしているのが中堅国の韓国だ。東日本大震災で日本が弱っていることにつけ込んで、従来日本と韓国の間で黙示的に合意されている事項を一方的に韓国に有利な方向に転換しようとしている。

2011年6月16日に大韓航空機が竹島（韓国名・独島）の上空でデモ飛行を行った。また、8月1日には韓国・鬱陵島を訪問しようとした竹島問題に熱心に取り組む自民党の国会議員3人に対し、ソウルの金浦空港で韓国政府が入国を拒否した。それに加えA級戦犯問題に関する野田佳彦財務相の発言に韓国政府が文句をつけてきた。〈韓国外交通商省は16日、野田佳彦財務相が15日の記者会見で「A級戦犯は戦争犯罪人ではない」とする立場を示したことについて、「過去の日本帝国主義による侵略の歴史を否定しようとする不適切な言動だ」と批判する論評を発表した。／野田氏は野党時代の2005年10月に政府に提出した質問主意書の中で「すべての『戦犯』の名誉は法的に回復されている。すなわち、『A級戦犯』と呼ばれた人たちは戦争犯罪人ではない」とする見解を表明。15日の会見で考え方に変わりはないかと問われ、「考え方に基本的に変わりはない」と答えた。〉（8月16日・asahi.com）

この記事を読むと、あたかも「『A級戦犯』と呼ばれた人たちは戦争犯罪人ではない」というのが、野田氏の個人的見解のように見えてしまうが、そうではない。２００５年10月17日提出の質問主意書で野田氏は、〈昭和二十七年五月一日、木村篤太郎法務総裁から戦犯の国内法上の解釈について変更が通達された。これによって戦犯拘禁中の死者はすべて「公務死」として、戦犯逮捕者は「抑留又は逮捕された者」として取り扱われることとなった。さらに「戦傷病者戦没者遺族等援護法」の一部が改正され、戦犯としての拘留逮捕者を「被拘禁者」として扱い、当該拘禁中に死亡した場合はその遺族に扶助料を支給することとなった。これら解釈の変更ならびに法律改正は、国内法上は「戦犯」は存在しないと政府も国会も認識したからであると解釈できるが、現在の政府の見解はどうか。〉と尋ねた。

これに対し、２００５年10月25日に小泉純一郎内閣総理大臣名の答弁書で、〈平和条約第十一条による刑の執行及び赦免等に関する法律（昭和二十七年法律第百三号）に基づき、平和条約第十一条による極東国際軍事裁判所及びその他の連合国戦争犯罪法廷が刑を科した者について、その刑の執行が巣鴨刑務所において行われるとともに、当該刑を科せられた者に対する赦免、刑の軽減及び仮出所が行われていた事実はあるが、その刑は、我が国の国内法に基づいて言い渡された刑ではない。〉と答えている。この答弁書は閣議了解を得た、日本政府の公式見解である。A級を含む戦犯に関して、「その刑は、我が国の国内法に基づいて言い渡された刑ではない」というのが、自民党政権時代からの日本政府の公式見解なのである。韓国政府がこの事実を知らないはずがない。あえて文句をつけることで、歴史認識をカードにして日本を追い込もうとしている。実に不愉快だ。

〈11・10・13〉

中国を牽制するために日本と結ぶ
プーチン新体制で領土問題が動く

9月23～24日、モスクワで政権与党「統一ロシア」の党大会が行われた。大会2日目の24日、メドベージェフ[*2]大統領が演説を行い、2012年3月に予定されている大統領選挙にプーチン首相を推薦すると提案した。大会に出席した代議員は総立ちになり、数分間拍手が鳴り止まなかった。プーチンが立候補要請を受諾すると答え、この瞬間に実質的にロシアの次期大統領はプーチンに決まった。

ロシアは民主主義国家である。しかし、それはロシア型で、欧米や日本のふやけた民主主義とは異なる。ロシア人は政治は本質において悪と考える。それだから、大統領選挙に出馬するのは、「普通の悪人」と「大悪人」と「とんでもない悪人」だ。来年3月の大統領選挙で、国民は普通の悪人であるプーチン[*3]を選ぶことができるのでほっとしている。それ以外の候補はロシアのヒトラーと呼ばれ、日本が北方領土を要求するならば原爆を落としてやると言ったジリノフスキー[*4]自民党党首、スターリンを心の底から尊敬するジュガーノフ[*5]共産党議長だ。こういう候補が大統領になるよりは、多少、強権的であってもプーチンの方がマシと大多数のロシア人は思っている。

日本にとって、メドベージェフ大統領の続投は最悪のシナリオだった。メドベージェフは、ナルシシストだ。世界で自分がいちばん美しくて頭がいいと勘違いしている。その点で、菅直人前首相と性格がよく似ている。それだから磁石のN極とN極が反発するように、菅・メドベージェフ関係は最悪だった。メドベージェフが大統領にとどまれば、ロシアは日本に北方領土を1島も返さなくなると筆者は危惧していた。

プーチンが大統領になれば北方領土は動き出す。それはプーチンが柔道家で親日的だからではない。プーチンは帝国主義者でロシアの国益の極大化だけを考えている。その観点で、帝国主義大国の日本と戦略的に提携し、中国を牽制することを考えている。そのためには日本に譲歩する。上手に交渉をすれば、歯舞群島と色丹島の早いタイミングでの日本への引き渡しが実現する。それをどうやって国後島、択捉島の返還につなげるかが日露首脳交渉の課題になる。また、福島第一原発事故後、日本の脱原発依存政策を考慮し、プーチンは日本にLNG（液化天然ガス）を大量に提供するという腹案をもっている。問題はどうやって、プーチンと個人的信頼関係を構築するかだ。

外務官僚は「メドベージェフ大統領はレームダックです。来年3月に大統領選挙が行われるまでは様子見をしましょう」と言うであろう。こういう寝言を聞いていても北方領土は返ってこないし、LNGも手に入らない。民主党と「統一ロシア」の間で与党間交流を直ちに開始すべきだ。ロシア側に信頼が厚い民主党の前原誠司政調会長を団長とする代表団をモスクワに派遣し、「統一ロシア」の党首であるプーチン首相との会談をできるだけ早く実現するように外務省が率先して汗を流すべきだ。

米国・ロシアの最大障壁撤廃を匂わす　オバマ大統領の「外交シグナル」　〈'11・12・1〉

11月12日（日本時間13日）、米国ハワイで行われた米露首脳会談でオバマ米大統領は、メドベージェフ露大統領に対して関係改善に向けた重要な方針を表明した。[*6]

〈（オバマ大統領は、）会談後に記者団に対し、ロシアの世界貿易機関（ＷＴＯ）加盟決定を受けて、ロシアとの通商取引を制限する「ジャクソン・バニック修正条項」の適用を除外するよう議会に働きかける方針を表明した。

この条項は、ユダヤ人の出国を制限する国に最恵国待遇を与えることを禁止するもので、旧ソ連時代の１９７４年に成立。旧ソ連崩壊後も撤廃されないままで、経済分野での米ロ対立の象徴となってきた。適用が除外されれば、経済面でも米ロ関係の「リセット」が進むことになる。

オバマ氏は、ＷＴＯ加盟決定が条項撤廃への「好機になる」と表明。今後数週間から数カ月かけて米議会との調整を進める考えを示した。〉（11月13日・朝日新聞デジタル）

日本ではほとんど認識されていないが、「ジャクソン・バニック修正条項」は、東西冷戦期において米国がソ連に対してかけた最大の圧力である。そもそも1948年のイスラエル建国を積極的に支持したソ連は米国の次にイスラエルの国家承認を行った。これは英国の植民地だったパレスチナにユダヤ人国家が成立することが革命戦略に好都合であるとソ連が判断したからだ。1950年代に入り、スターリン[*7]の主導でソ連において反ユダヤ主義の嵐が吹き荒れる。1953年にスターリンが死去したことで、ユダヤ人に対する抑圧は若干、緩和された。しかし、頭脳流出を恐れ、ソ連政府はユダヤ人に対する出国制限を行った。さらに1967年の第三次中東戦争[*8]（六日間戦争）を契機にソ連はイスラエルとの国交を断絶し、ユダヤ人のソ連からの出国は事実上不可能になった。

これに対して、イスラエル政府は、「ナティーブ（ヘブライ語で〝道〟の意味）」という秘密組織をつくり、ソ連や東欧諸国に非合法ネットワークを構築するとともに、欧米で「ソ連からのユダヤ人の出国制限は深刻な人権問題である。ソ連政府に対して圧力をかけろ」というロビー活動を行った。「ジャクソン・バニック修正条項」は、米国とイスラエルが運命共同体であることを示すものだ。

すでに1991年10月にソ連はイスラエルと国交を回復し、ソ連からのユダヤ人の出国は完全に自由になった。しかし、この自由が再び制限される危険性があると考えたので「ジャクソン・バニック修正条項」を米国は撤廃しなかった。

2012年3月の大統領選挙にはプーチン首相が立候補することが決定している。メドベージェフ大統領は去りゆく人だ。オバマ大統領はそのことを十分認識した上で、メドベージェフ大統領にあえて東西冷戦の象徴だった「ジャクソン・バニック修正条項」の撤廃を伝え、「あなたの欧米寄りの人権政策を評価する」というシグナルを送り、プーチン次期大統領を牽制したと筆者は見ている。

〈'11・12・22〉

鈴木宗男サン、オ疲レ様デシタ「仮釈放」に関心を示すロシア

12月6日、栃木県さくら市の喜連川社会復帰促進センター（刑務所）から鈴木宗男[*9]「新党大地」代表（前衆議院議員）が仮釈放になった。筆者もさっそく鈴木氏と会い、意見交換をした。

鈴木氏から、「12月4日のロシア国家院（下院）選挙で、プーチン首相が率いる『統一

ロシア』はどれくらい議席を減らしたか」と尋ねられたので、筆者は「まだ最終確定結果ではないのですが、現有議席の315から238～239になります。76～77議席減ですが、450議席の過半数は維持しました。今回、議席を持った『公正ロシア』、自由民主党は与党、野党の共産党も過半数はプーチン支持なので、悪い結果ではありません」と答えた。鈴木氏が、「プーチン大統領就任後の北方領土交渉の展望はどうか」と尋ねたので、「まず、プーチンが過去10年の日本外務省のトンマな対応に嫌気がさしていなければ動きます。まずプーチンが心変わりをしないように働きかける必要があります。鈴木先生のロシア人脈の活用についても考えた方がいいと思います。いずれロシアからシグナルが出ると思うので、アンテナをよく張っておきます」と答えた。

鈴木氏が、仮釈放になった数時間後にロシアからの反応があった。国営ラジオ「ロシアの声」（旧モスクワ放送）がこう伝えたのだ。

〈鈴木宗男元衆院議員（63）が栃木県の刑務所から仮釈放された。／かつて、鈴木氏は国政において重要な役割を果たしており、露日関係を事実上主導していた。鈴木氏は北海道の私営企業2社から賄賂を受けとり、違法なロビー活動を行ったことで有罪判決を受けていた。／鈴木氏は無罪を主張し、氏への有罪判決は政治的圧力により捏造《ねつぞう》されたものだとうったえていた。鈴木氏は、02年の逮捕以来、437日間収監されており、この収監期間は戦後日本で逮捕された政治家の刑期のなかでは最長となる。鈴木氏の刑期満了は来年の4月だが、模範的態度が認められ仮釈放された。刑期終了まで、氏は警察の観察《(原文ママ)》下におかれる。／5日、山根隆治外務副大臣は東京での記者会見で、露日関係を発展させる上で鈴木氏の助言を求めたいと述べている。／「鈴木氏はロシアを良く知っており、広い人脈を持っている。外務省は鈴木氏と協力し、氏の助言をいただきたい」と山根副大臣は語った。〉

ロシアは山根外務副大臣が鈴木氏に関して肯定的発言をしたことを日本政府のシグナルと受け止めて、この放送を行ったのだ。鈴木氏が対露交渉に関与するならば、ロシアとしてもそれに応える用意があるというメッセージを送ってきた。このメッセージの意味を外務省の小寺次郎欧州局長、上月豊久欧州局審議官、原田親仁駐露大使は正確に理解し、鈴木氏がロシア問題に関与することを阻止すべく全力を尽くすと思う。もっとも政治的嗅覚の鋭い上月氏は山根外務副大臣に擦り寄るために、小寺氏、原田氏とは一線を画するかもしれない。

イラン諜報戦が眼中にないのか！外相の間抜けな答弁にボーゼン 〈'11・12・29〉

兵隊に阿呆がいても、そいつが戦場で弾に当たって死ぬだけだが、司令官が愚かだと部隊が全滅する。玄葉光一郎[*10]外相を見ていると日本外交が全滅するのではないかと不安になってくる。特にイラン情勢は、国際秩序に大きな影響を与え、その結果、米国の世界戦略が大きく変化する可能性があるにもかかわらず、玄葉外相の頭にはイランという文字が存在しないようだ。

12月2日の記者会見で産経新聞の坂井記者から「イラン情勢ですけれども、欧州諸国によって対イラン包囲網が強まっているのですけれども、日本政府は依然として遺憾の意を表明するだけで、まだ具体的な追加制裁措置も見えてきませんけれども、現在どのような状況なのでしょうか」という鋭い質問があったのに対して、玄葉外相は間の抜けた答弁をしている。

「安保理決議がありますから、それに付随したその履行について、今政府の中で真剣に検討しているという状況にございます。これはイランに対する直接の働きかけということを、一方で行う必要があるのではないかというように思っています。特に平和的に解決されるようにという努力を、日本自身行っていく必要があるのではないかと。つまり双方、しっかりやっていく必要があるというように思っています」

玄葉外相は、外務官僚が作成した発言要領をそのまま読み上げている。こういうセンスだからこの外務大臣は世界から相手にされないのだ。いったい日本はイランに対してどのような直接的な働きかけをしているのか。日本外交の姿がまったく見えてこない。

ロシア発の情報を追っているとイランを巡り深刻なインテリジェンス戦争が展開されていることがわかる。例えば12月12日付国営ラジオ「ロシアの声」(旧モスクワ放送)が報じた以下のニュースだ。

〈イラン外務省は、海外へ出国するイラン人に対して、西側諜報機関からの「魅力的な」提案を拒否するよう警戒を訴えている。イラン外務省によれば、西側の諜報機関はイランについての情報を収集するための情報提供者を見つけようとしているという。／ファルス通信が12日伝えたところによれば、すべてのイラン国民に対して、商業契約をはじめ、海外での永住権および国籍を取得できるような不法な提案を拒否するよう呼びかけているという。／ファルス通信によれば、このような警戒措置は、近年西側諸国の「反イラン的行動」が目立っていることによるという。同通信によれば、イランに対する諜報活動の拠点は、イラク、アフガニスタン、パキスタン、トルクメニスタン、アゼルバイジャンなどにあるとされている。〉

現在、イランの核開発を阻止するためにイスラエル、米国、英国などが本格的な工作活動をイラン国内で展開している。その中心になっているのが英国だ。それだからイラン当局は暴徒[*11]をテヘランの英国大使館に突入させたのである。外務省国際情報統括官組織にはイランに関するレベルの高い情報がある。今のうちに勉強しておかないと今後の外交交渉で大恥をかくよ、玄葉サン！

〈12・1・19〉

平壌市民の「今」が把握できる
北朝鮮はロシア発の情報が詳しい

2011年12月19日正午過ぎ、朝鮮中央放送（テレビ）が北朝鮮の最高指導者金正日氏[*12]（国防委員会委員長、朝鮮労働党総書記）の死去を公表した。筆者が調査したところ、金正日死去に関する情報を日本のみならず、米国、中国、ロシア、韓国のいずれも事前に入手できなかった。北朝鮮の発表によれば、金正日氏は17日午前8時30分に現地視察のために移動中の列車の中で死去した。この情報が2日間、きちんと管理されていたことは、北朝鮮が危機管理能力を維持していることを示す。

日本政府の対応も迅速で、野田佳彦首相は、このニュースを知ると日程をすべてキャンセルし、官邸に戻って指揮をとった。野田政権の危機管理はよくできている。政府には金正日死去に関する秘密マニュアルが存在するので、これに即した対応をとっている。現状でこのマニュアルに想定されていない事態は生じていないのでボロが出ていないのだ。

率直に言うが、野田首相の現状認識に一点だけ、筆者は強い不安を持っている。それは野田首相に外交的配慮が稀薄なことだ。19日夕のぶらさがり会見で野田首相は、こんなやりとりをした。

〈――北朝鮮の金正日総書記の死去の受け止めは

「まあ、今回の不測の事態が朝鮮半島の平和と安定に悪影響を及ぼさないようにしなければいけないというふうに思います」

「そのために、今日、3つの指示を出しました。1つは今後の動向について、情報収集態勢を強化すること。それから、米国、韓国、中国など関係国と密に連携をすること。3つ目が不測の事態に備えて万全の体制をとること。こういう指示を今、徹底しているところでございます」〉（12月19日・MSN産経ニュース）

この3つの指示は、いずれも内向きだ。外交的配慮に欠ける。米国、韓国、中国とともにロシアの名をあげるべきだった。ロシアは北朝鮮と独自のルートを持っている。平壌で大使館は、隔離された場所にかためられているが、ロシア大使館だけは市の中心部にある。その関連で、ロシアの外交官は市民の反応について独自情報を取ることが出来る。また、平壌にはロシア国営イタル・タス通信の支局がある。この通信社は、一般配信を行わない「赤タス」と呼ばれる特別の情報をクレムリン（大統領府）に報告している。これらのロシア情報を得ることが日本の国益に適う。野田首相が国名をあげなかったことについて、クレムリンは日本がロシアとの協力に意欲的でないというシグナルと受け止める。

さらに国際社会において、北朝鮮が保有する核兵器、弾道ミサイルなどの大量破壊兵器技術の拡散阻止が焦眉の課題だ。今後、野田首相が「不測の事態に備えて、特に大量破壊兵器並びにその技術の拡散が起きないようにするために万全の体制をとる」という方針を明確に示せば、日本の外交的発言力が強化される。外務官僚は不拡散問題やロシア情報の重要性について野田首相にきちんとブリーフ（説明）しているのだろうか？

イランは北朝鮮より危険な国家だ「原油全面禁輸」で迎える発火点！

〈'12・1・26〉

イラン[*13]の核開発が最終段階に至っている。2011年12月31日に、米国のオバマ大統領は、2012会計年度（11年10月～12年9月）の国防権限法案に署名し、同法が成立した。この法律では、イランの核開発を阻止するための追加的な制裁措置が盛り込まれている。〈核開発問題をめぐるイランへの制裁強化のため、収入源である原油輸出に打撃を与えられる新たな措置が盛られており、大統領の判断で発動できる。／新たな制裁は、原油の輸出入でイラン中央銀行と取引する米国外の金融機関を、米国の金融システムから締め出す内容。原油取引でイラン中央銀を使う日本や中国、欧州各国にイラン産原油の輸入からの撤退を迫り、イランの収入源に打撃を与えることを狙う。／ただ、制裁の発動でイラン産原油の輸出量が急減した場合、輸入国が原油不足に陥ったり、油価が世界的に高騰したりしかねない。このため、米大統領が「米国の安全保障上不可欠」と判断すれば制裁を最大

4カ月間停止できる運用上の余地も残した。また、イランとの原油取引に絡む決済を大きく減らした金融機関は制裁を免除される。〉（1月2日・朝日新聞デジタル）

イランはこの制裁を無視し、核開発を強行するであろう。近い将来にイランからの石油の全面禁輸を米国が諸外国に求めることになると筆者は見ている。しかし、玄葉光一郎外相は事態の深刻さを理解していない。12月16日の記者会見で玄葉外相は、イラン中央銀行と取引のある外国金融機関に制裁を米国が科す見通しとなったことについて、「日本経済、世界経済に与える影響もある。そういった懸念を外務省から米側に伝えている」と述べたが、もはやこのような寝言は通用しない。イランを抜きにした日本のエネルギー政策を早急に構築すべきだ。玄葉氏が「日本はイランと特別な関係なので勘弁してください」というような主張を続けると、日本は米国との間で普天間問題よりもはるかに深刻な懸案を抱えることになる。

それから、イランと北朝鮮が緊密に提携していることも考慮しなくてはならない。

〈イランで11月に起きたミサイル基地の大爆発で、北朝鮮の技術者5人が巻き込まれて死亡したことが29日分かった。朝鮮半島情勢に詳しい情報筋が明らかにした。（中略）同筋によると、北朝鮮は金正恩体制下でも、イランとの協力関係を継続する考えを伝えた。新体制になっても、中東地域でのミサイル開発に密接に関与していくことを明確にしたといえる。／情報筋によると、11月12日にテヘラン南西にあるミサイル基地で起きた大爆発で、北朝鮮技術者5人が死亡したほか2人も重傷を負い、テヘラン市内の病院に搬送された。7人の氏名は明らかになっていないが、3人は北朝鮮の兵器開発の中心的な機関、第2自然科学院（国防科学院）の技術者だという。〉（2011年12月30日・MSN産経ニュース）

イランは、北朝鮮以上のトラブルメーカーになる。

ロシア新官僚制度に見る権力闘争
「馬鹿官僚の格付け」を開始した

〈'12・2・2〉

ロシア人はスケールの大きなことをやる。公務員（官僚）バッシングも日本の比ではない。最近、メドベージェフ大統領が馬鹿官僚の格付けを始めた。2012年1月16日の国営ラジオ「ロシアの声」（旧モスクワ放送）がこんなニュースを報じた。

〈ロシア　公務員の馬鹿格付け開始

ロシアのメドヴェージェフ大統領の主導で、「馬鹿のいないロシアへ」と名づけられたインターネット・プロジェクトが開始された。

今後、ロシアの公務員の無意味な決定をインターネット上で追跡することが可能となる。このプロジェクトの主眼となるのは、地方公務員の「馬鹿な」決定についてのロシア国民の通報に基づき作成される「馬鹿の地図」だ。「馬鹿の地域ごとの平均的指数」を算出することすら可能になる。しかし、あらゆる種類の「人的操作」を防ぐため、「馬鹿」の平均レベルを算出するための計算式は公開されていない。

このプロジェクトは、公務員の無意味な決定を公表するだけでなく、公務員たちがそれに具体的に対処するように仕向ける機能がある。公務員の無意味な決定がなされた地方は赤旗でマークされる。そして、訂正が進行中となればそれは黄旗に変わり、完全に訂正されれば緑旗となる。〉

ソ連時代、共産党政権は密告を奨励していた。「馬鹿のいないロシアへ」プロジェクトは、少し形を変えた密告制度の復活だ。それに権力闘争の要因が絡んでいる。今年3月の大統領選挙で返り咲くことが確実視されているプーチン首相は官僚機構をたいせつにする。「馬鹿官僚がいたら通報せよ」と呼びかけるポピュリズム政策を導入しても、官僚の士気が下がるだけだ。メドベージェフはそのことをわかった上で、プーチンの権力基盤を弱めるためにあえてこのようなポピュリズム政策に訴えているのである。日本でも橋下徹大阪市長[*14]あたりが、今後、「馬鹿市役所職員」や「馬鹿週刊誌」の格付け制度を導入するかもしれない。

それはそれとして、偏差値競争に慣れた霞が関（中央官庁）の官僚どもを締め上げるために、「馬鹿官僚」「馬鹿官庁」の格付け制度を導入すると効果がある。

現下、国際政治の焦眉の課題はイランの核開発をどのようにして阻止するかだ。安住淳財務相は、イラン原油の日本への輸入を段階的に削減することを明言した。財務官僚がそのような方針がわが国益のために適切であると判断したのだろう。日米同盟の深化という観点から合格点、ロシアの基準では緑旗だ。

これに対して玄葉光一郎外相は、一貫してイランとの特殊な関係を強調している。1月13日の記者会見で、玄葉外相は、制裁法案の運用について慎重に行うと米国のクリントン国務長官に約束させたと吹聴している。筆者に寄せられた内部情報によるとクリントン長官はそんな約束をしていないということだ。外務官僚はいったいどのような説明を玄葉外相に行ったのだろうか。玄葉外相と外務官僚は、「馬鹿の格付け」でぶっちぎりのトップだ。

「北方領土とアイヌ」の関係で揺さぶり ロシアが放つ情報戦に気をつけろ

〈'12・3・1〉

北方領土問題をめぐって、ロシアが過去と異なる情報攻勢をかけてきた。2月6日、ロシア国営ラジオ「ロシアの声（VOR）」（旧モスクワ放送）が、ロシアのカムチャトカに在住するアイヌ人、アレクセイ・ナカムラ氏に関する報道を行った。日本のマスメディアはこの報道に関心を払わなかった。そこで、同9日、再度、こんな放送が行われた。

〈数日前にVOR「ロシアの声」は「日本人が、アイヌの剣も、お辞儀も、腹切りも自分の文化にした」の表題を附けた記事を発表した。その記事はVOR「ロシアの声」の新しいプロジェクトの一部です。

そのプロジェクトの中で色々な重要な質問に面白い回答を探したいと思います。

例えば、論争点[*15]は何か？

あるいは、誰がクリルを最初に発見したのか？

あるいは、ロシア人が何故クリルおよび蝦夷、つまり北海道を自分のものと考えた？あるいは、クリル諸島はアイヌの土地か？〉

これは、今後の北方領土交渉を念頭に置いたロシアの新たな情報攻勢だ。北方領土はアイヌの土地であったという史実を、日本政府が今後の北方領土交渉で用いることを封じ込める流れを作ろうとしているのだと筆者は見ている。2月6日の放送におけるナカムラ氏の発言をいくつか引用しておく。

〈私の先祖は南クリルのシコタン島、アイヌ語でヤシコタン島の出身です。1725年のアイヌ反乱の時、日本軍に追われて家族と共に小船でカムチャッカにやってきました。ロシアのクリル湖の近くに定住しました。アイヌ人は半遊牧的な生活を送っていました。冬は暖かいクリル湖の近くで過ごし、夏になればオホーツク海に出て、海獣などの漁業にたずさわりました。ところで、クリルという名称が、煙を出している温泉や火山の様子（注：ロシア語で「クリーチ：タバコを吸う」）からきているわけではないことを指摘しておきます。これはアイヌ語で『民族、人々』をさす『クル』という言葉から、私たちクリル人が住んでいるからです。〉

〈日本人たちが主張しているように、クリル諸島やサハリン、カムチャッカなどにアイヌ人がいなかったという議論はおかしいのです。日本人たちはアイヌ人は日本の北海道だけに住んでいて、クリル諸島も返還しろ、というのです。それは嘘です。ロシアにもアイヌはいて、クリル諸島に権利をもっています。ロシア外務省が、クリル諸島が日本のアイヌ人だけのものではないことを主張しないのはとても変です。それはすべてのアイヌ人のものなのです。〉

日本政府は北方領土や千島列島にアイヌ人が住んでいたという事実を認めている。ロシアはそのことをわかった上であえて、国営放送で情報攻勢をかけてきたのだ。外務省の上月豊久欧州局審議官、岡野正敬ロシア課長、篠田研次国際情報統括官はロシアのこの動きをどう分析・評価しているのだろうか？

〈12・3・22〉

筆者あてに極秘電話がきた！
プーチン大統領が領土問題を動かす日

3月4日に行われたロシア大統領選挙でプーチン候補（現首相）が有効投票の63・6％を獲得して当選した。一部で選挙不正を訴えるデモが行われているが、大多数のロシア国民は選挙結果を受け入れている。

また、米国が選挙結果の調査を訴えたことが、「アメリカ人如きにわが国の内政に干渉される筋合いはない」という普通のロシア人の反発を強めている。ロシア人はときどき政府や大統領を口汚く罵るが、外国人による批判には反発する。米国政府の選挙干渉は、却ってプーチンに対する支持を強化することになる。

この点で、わが日本政府は、戦略的なのか、それともぼんやりしているからか、よくわからないが、ロシアの選挙については干渉していない。

3月6日の記者会見で選挙不正に関する質問が出たが、玄葉光一郎外相は、

「まず、不正という話でありますけれども、これは、我が国としても選挙監視団を派遣していいます。とりあえずの報告としては、基本的に新たな措置がいろいろ取られたということと、ただ、投開票所での手続きなどで、改善の余地はあるのではないかという報告は受けているところであります。ただ、基本的には圧倒しているというのが実態なのではないかと思います」（外務省HP）

と答えた。

野田佳彦首相も、プーチンの当選が確実となった3月5日に電話で祝意を伝えている。

そこで野田首相は、こう述べた。

〈北方領土問題について「プーチン首相との間で叡智《えいち》ある解決に取り組みたい」と述べ、解決を目指すことに意欲を示した。／プーチン氏は北方領土交渉について、朝日新聞などとの会見で「私が大統領になったら、日本の外務省とロシアの外務省を向かい合わせにして『始め』の号令をかけよう」などと意欲を表明。野田首相はこれを念頭に、「プーチン大統領就任以降、『始め』の号令をかけて、大統領とともに日ロ関係の次元を高めるべく協力していくことを楽しみにしている」とも述べた。〉（3月5日・朝日新聞デジタル）

筆者が調べたところ、「叡智ある解決に取り組みたい」という文言は外務省が用意した発言案には入っていなかった。政治主導によって加えられた経緯がある。プーチン首相も野田首相のシグナルを正確に受け止めている。

3月6日、プーチン選挙対策本部の幹部から、電話がかかってきて「野田首相は、2001年3月のイルクーツク会談の路線を継承するつもりと見ていいか」と尋ねられた。筆者は、「日本外務省が何を考えているかよくわからないけれど、首相官邸や外交を担当する民主党幹部はそう考えていると思う」と答えた。

北方領土問題が解決すると、返還運動やロシア非難の講演で商売ができなくなって困るはらわたの腐った大学教授や活動家が、野田政権や民主党を攻撃し始めるだろう。こういう不当な攻撃から、筆者は身体を張って野田政権を守る。それが国益に貢献すると信じるからだ。

〈'12・6・7〉

鈴木宗男氏の「ロシア人脈」健在
地政学的に日本を理解する人物の台頭

5月21日、プーチンは、ビクトル・イシャエフ（極東管区大統領全権代表）を新設の極東発展相に任命する大統領令に署名した。筆者のところにモスクワから入ってきた情報だと、この人事はプーチンの強いイニシアティブによって行われたという。9月にウラジオストク（沿海地方）で行われるＡＰＥＣ[*16]（アジア太平洋経済協力）会議の準備が順調に進んでいないことに対してプーチンは苛立ちを強めている。イシャエフを極東発展相に据えれば状況が好転するとプーチンが考えているのであろう。

イシャエフは１９４８年生まれで、現在64歳だ。１９７９年にノボシビルスク水運大学を卒業し、アルミニウム関係の企業で勤務した。１９９１年から２００９年にかけてハバロフスク地方知事をつとめ、その後、極東管区大統領全権代表に転出した。2009年から大統領安全保障会議のメンバーを兼任している。

極東管区には、北方領土も含まれる。平和条約(北方領土)交渉において、イシャエフはキーパーソンになりうる。専門家以外には、あまり知られていないが、イシャエフは対日関係の改善に積極的だ。鈴木宗男氏(新党大地代表)人脈に属するロシア政治エリートの一人である。

イシャエフは、中国が地政学的にロシアにとって脅威となることをよく理解している(もちろんそのような認識を公言するほど愚かではない)。それだから、中国との安定的関係の構築に努力する。経済的には中国との関係を発展させるが、政治的に中国の影響がロシアの極東に及ぶことを防ぐことを常に考え、戦略を構築している。特に中国人の移民に対し、イシャエフは警戒感が強い。中露の国境線画定にあたって、ハバロフスクの政治エリートが領土ナショナリズムを刺激する姿勢をとったときに、プーチンの意向を踏まえ、イシャエフは地元の反発を抑えた。領土ナショナリズムを煽ることがロシアの国益に反することをイシャエフはよく理解している。この点で、プーチン大統領が北方領土問題に関して日本に譲歩する提案を行った場合、サハリン州やクリル地区(北方領土に対するロシア側の呼称）から出てくる反発をイシャエフは抑えることができる。

もっともイシャエフ自身が、北方領土の日本返還に向けて積極的に動くことはしない。かつてイシャエフは、鈴木宗男氏に対して、「領土問題は大統領の専管事項である。自分は、大統領が決定したことならば、それがどのような内容であっても、履行すべく全力を尽くす。この言葉を翻すことはない」と約束した。その後のイシャエフの言動を見てもブレがない。2002年に鈴木宗男氏が失脚したときもイシャエフは「あなたとの友情は今後もずっと続く」という手紙を知事の公用便箋に書いて送ってきた。イシャエフは、政治状況に左右されず一旦確立した信頼関係を裏切らないという点でも首尾一貫している。腹の据わった政治家だ。

〈'12・6・14〉

北朝鮮とシリアが恐怖の軍事協力
武器㊙市場のキナ臭い経路を追う

「類は友を呼ぶ」ということわざは、国際関係においても真理だ。北朝鮮は、イラン、シリアのような「ならず者国家」[*17]と相性がいい。朝日新聞が、北朝鮮とシリアの軍事協力に

関する興味深い情報を入手した

〈国連安全保障理事会の北朝鮮制裁決議の履行状況を監視する専門家パネルが、北朝鮮がシリアに兵器関連物資を輸出し、安保理決議違反の疑いがあると最新の報告書で指摘していることがわかった。北朝鮮技術者がシリアに駐在している可能性も指摘している。

朝日新聞が入手した87ページの報告書によると、2007年10月、北朝鮮からシリア西部の港湾都市ラタキアに向かう貨物船を、安保理決議に基づいてある国が検査。積み荷から弾道ミサイルの製造に使うとみられる電子部品や金属板を見つけ、押収した。

貨物からは、朝鮮語で書かれた個人あての手紙や北朝鮮製の缶詰などの保存食、北朝鮮の映画のDVDなども見つかり、報告書は「北朝鮮技術者が目的地にいることを示唆している」と結論づけた。貨物船は、中国の大連とマレーシアのケラン港を経由していた。〉

（5月19日・朝日新聞デジタル）

以前から、インテリジェンス関係者の間では、北朝鮮の技師がシリアに常駐しているという情報があった。主たる業務は、幹部が居住する地下施設の建設だ。北朝鮮はトンネル掘りや地下施設造りに関して高度な土木技術を持っていて、これが重要な外貨獲得手段となっている。

朝日新聞が入手した報告書の内容をさらに見てみよう。

〈10年11月には、フランスが北朝鮮からシリアに向かう船舶を検査。品名は銅板などとなっていたが、実際には迫撃砲の製造に使われる金属板や、ロケット弾の製造に使われるアルミ合金の管だった。

また、北朝鮮が4月の軍事パレードで公開した大型ミサイルの運搬車両については「北朝鮮に製造能力はない」と断定、継続調査するとしている。〉（同）

大型ミサイルの運搬車両についても、中東から北朝鮮に密輸された可能性が排除されない。[*18]そもそも北朝鮮のノドン・ミサイルは、エジプトがソ連から輸入したスカッド・ミサ[*19]イルを横流ししたものだ。

現下のシリア情勢をめぐっても、ロシア、中東、北朝鮮の武器販売の闇のネットワークが大きな役割を果たしていると筆者は見ている。ロシアは、米国、ＥＵ（欧州連合）によるシリア制裁に対して慎重だ。

これには2つの要因がある。一つはシリア情勢が混乱し、シリアと関係が深いロシアの北コーカサスにイスラム原理主義過激派の影響が及ぶからだ。もう一つは、シリアはロシア製兵器にとって現在、最大の市場になっているためだ。ここから兵器が横流しされることをロシアは黙認している。兵器販売によってつくられるカネはＧＲＵ（軍参謀本部諜報総局）にとって重要な工作資金になる。それだから、ロシアはシリアのアサド[20]政権寄りの姿勢を示していると筆者は見ている。

〈'12・8・2〉

このままでは中国と戦争になる！「尖閣問題」を早急に鎮静化せよ

尖閣諸島をめぐる状況が急速に悪化している。中国は共産主義国家だ。共産党の方針が国家を動かす。その点で看過することができないシグナルを中国は出した。

〈中国共産党機関紙、人民日報は13日付のコラムで、日本政府の国有化方針など沖縄・尖閣諸島（中国名・釣魚島）をめぐる日本の行動を非難し、武力衝突の可能性をちらつかせて挑発した。／同紙は、２０１０年の中国漁船衝突事件[21]で中国人船長が拘束された一件や、離島の命名や購入計画、視察や周辺海域での釣りなどを列挙して「茶番」と呼び、「短絡的な戦略だ。（中国を）挑発することで自分に陶酔している」と断じた。／そして、「国と国との関係は子供の遊びではない」として、「（挑発が）度を越せば、釣魚島問題を制御できなくなる危険性がある」と強調。「日本の政治家たちはその覚悟があるのか」と詰め寄った。／同紙は今年に入ってから度々、尖閣諸島を「核心的利益」と表現しており、今回も「国の核心的利益について、中国は半歩でも退くことはない」と強硬な論調を展開。武力行使もいとわないことを示す言葉を使うことで、日本側の動きを牽制する意図がうかがえる。〉（7月13日・MSN産経ニュース）

「（挑発が）度を越せば、釣魚島問題を制御できなくなる危険性がある」ということは、中国が尖閣問題を武力で解決するという恫喝だ。日本をなめてかかっている中国は「日本の政治家たちはその覚悟があるのか」と啖呵を切る。

もちろん中国が武力行使をするならば、それに対して自衛隊が実力で対処する。それだけではない。尖閣諸島のうち、大正島、久場島は米軍の射爆撃場に指定されている。これら2島に対して中国が武力行使を行えば、米軍に対する攻撃とみなされるので、米中間の武力衝突に発展する。

日本国憲法9条[*22]で交戦権が否定されていても、国家は自然権として自衛権を持つ。領土は国家の礎だ。中国がわが国固有の領土である尖閣諸島を侵略すれば、日中戦争になる。そして、その戦争に米国が加わる蓋然性も高い。

日本の政治家、外務官僚、防衛官僚、経済官僚などは、あらゆるチャネルを通じて、中国要人に対して、

「13日付人民日報のコラムに書かれたような挑発を中国側が続けるならば戦争になる。戦争になれば日本が勝つ。中国は自らの実力を客観的に知るべきだ。身の丈を超えた行動は、貴国の命取りになる」

という警告を伝えるべきだ。中国に対して遠慮は無用である。厳しい態度で臨むことが、平和を担保するために必要だ。

それと同時に、政府は地権者[*23]から直ちに尖閣諸島を購入すべきである。外交は政府の専管事項であるので、東京都の介入によってこれ以上事態を紛糾させることは、日中戦争の危険性を高めるということを外務省は冷徹に認識すべきだ。外務省がもっと当事者意識を持って、できるだけ早く尖閣問題を沈静化させる方策を取るべきだ。

大統領の竹島上陸情報を摑めなかった この国の脆弱なインテリジェンス

〈'12・8・30〉

8月10日、韓国の李明博[*24]大統領が竹島に上陸した。竹島は島根県に属するわが国固有の領土であるにもかかわらず、韓国によって不法占拠された状態にある。韓国は公式には、「独島」（竹島に対する韓国側の呼称）は歴史的にも国際法的にも韓国領で、韓日間に領土問題は存在しないという立場を取っている。ただし、日本を過度に刺激してはならないという配慮から、過去、韓国の大統領が竹島に上陸したことはなかった。

李明博大統領の任期は来年2月までであるが、すでにレームダック状態だ。親族が汚職で逮捕されるなどのスキャンダルで与党からも見放されている。このような状況で、「禁じ手」とされていた竹島訪問に踏み切れば、韓国人の領土ナショナリズムを刺激して、人気回復につながると考えたのであろう。

李明博大統領の竹島上陸に対する日本政府の反応については、2つに分けて考えなくてはならない。

第一は、外務官僚の対応だ。まず、訪問前日の9日夕刻まで、韓国の日本大使館が大統領の竹島訪問に関する情報を取れなかったということ自体が情けない。外務官僚は、「李明博大統領の政治主導で、韓国外交通商部も知らなかった」と言い訳をしているが、まったくなっていない。日本大使館員が青瓦台（大統領府）ときちんとした人脈を持っていれば、このような醜態はさらさなかった。

さらに東京の外務本省も、李明博大統領が竹島上陸を強行する場合、毅然たる対抗措置を取るという姿勢に欠けていた。特に杉山晋輔[*25]アジア大洋州局長は、「僕は大使召還という言葉は使っていないからね。今後の対応については国際社会の反応も見なくてはならない」という弱腰の発言や「衛星で見ているわけではないので、李明博大統領の竹島確認は難しい。ツイッターで誰かがつぶやいたので知るのだろう」というようなふざけた開き直りをしていた。大統領に同行する韓国人記者に協力者をつくり、事実関係についてただちに日本側に連絡させるような工作がなぜできないのか。杉山局長は、こういう発言が首相官邸や民主党幹部に伝わっていないと思っているのかもしれないが、甘い。政治家は、緊急時にふざけた態度を取る官僚を信用しない。

日本政府でも、政治家の対応はしっかりしている。首相官邸の主導で、李明博大統領が竹島に上陸した同日の10日に武藤正敏在韓国日本大使[*26]を一時帰国させた。10日夜の記者会見で、野田佳彦首相は、「抗議の意思を示すために、武藤駐韓大使を本日帰国させることとした次第であります」と述べた。外交の世界で首脳が「抗議の意思を示すために大使を帰国させる」と述べることは、稀だ。通常、首脳は、「今般生じた事態に関して協議するために大使を帰国させる」という間接的な表現で、不快感を示す。さらに玄葉光一郎外相も、帰国した武藤大使から、10日夜、ただちに事情を聴取している。このような野田首相、玄葉外相の迅速かつ適切な対応で、事態の深刻さが国際社会に伝わった。

〈'12・11・1〉

ドイツとフランスの帝国主義を牽制
ＥＵにノーベル平和賞を与えた思惑

10月12日、ノルウェーのノーベル賞委員会は、２０１２年のノーベル平和賞をＥＵ（欧州連合）に贈ると決定した。

〈委員会は授賞理由を「（ＥＵの）前身の時代も含め、60年以上にわたって欧州における平和と和解、民主主義と人権の向上に貢献した」とした。／ＥＵは、第２次大戦に代表される戦争を繰り返さないという理念のもとに出来上がった共同体。加盟は27カ国まで増えた。ベネルクス3国[*27]と、フランス、当時の西ドイツ、イタリアが設立した「欧州石炭鉄鋼共同体（ECSC）[*28]」で、争いの種となる鉄鋼や石炭を共同管理することが出発点だ。市場の一体化を進め、国家主権の一部である通貨に共通のユーロを使う加盟国も17にのぼる。中東和平やグルジア紛争など域外の対立や紛争でも調停役を務めている。〉（10月13日・朝日新聞デジタル）

そもそも2度の世界大戦はヨーロッパ諸国の帝国主義的対立から生じている。ヨーロッパの平和主義は、「お互いに十二分に殺し合ったが、結局、どこか一つの国が覇権を握ることはできないのだから、手打ちをしましょう」という発想に基づいている。前出の朝日新聞は、

〈ノーベル賞委員会のヤーグラン委員長は、血を流し合ったドイツとフランスが手を取り合ったことや、中東欧諸国の加盟で冷戦時代の「東西分裂」が終わったことを評価。旧ユーゴ諸国のクロアチアが来年加盟することにも触れ、「欧州の大半を戦争の大陸から平和の大陸に変えることに貢献した」とたたえた。〉

と報じている。ここでヤーグラン委員長が評価している「ドイツとフランスが手を取り

合ったこと」は、今から61年前のＥＣＳＣ設立のことだし、東西冷戦終結も20年以上前の歴史の話だ。何でこんな昔話を根拠にＥＵにノーベル平和賞が授与されたのだろうか。実に奇妙だ。

この謎を解く鍵が、２００９年のオバマ米国大統領のノーベル平和賞受賞にある。別にこの時点で、オバマが平和に貢献する業績をあげていたわけではない。ノーベル賞委員会は、「お願いだから戦争を引き起こすことはしないでください」という願いを込めて、オバマに平和賞を与えたのだ。それから2年後、２０１１年5月にオバマ大統領の命令で米国の特殊部隊がパキスタンに潜伏していたウサマ・ビンラディンを襲撃し、殺害した。ノーベル平和賞を授与されていたのでこれくらいで済んだ。オバマ大統領が平和賞を授与されていなければ、もっと激しい措置を採ったかもしれない。

ＥＵの本質は、ドイツとフランスを枢軸とする広域帝国主義連合だ。国際情勢が帝国主義的傾向を強め、国家のエゴイズムが強まっている。特にイランの核開発やシリアの内乱に、ＥＵ諸国はかなり露骨な帝国主義的介入を行っている。ノーベル賞委員会は、事態を冷静に観察した上で、ＥＵ加盟諸国、とりわけドイツとフランスに「平和賞を授与するから、もう戦争は起こすなよ」というシグナルを送ったのだ。

アルジェリア人質事件に見たテロ組織が持つ超高度な情報力

〈'13・2・7〉

1月16日、アルジェリア東北部イナメナスの天然ガス関連施設をイスラム過激派が襲撃し、人質をとって立てこもった事件は、アルジェリア軍の強行突破によって解決した。18日の時点で、同施設で勤務するプラント建設会社「日揮」並びに関連会社の日本人17人のうち7人の無事が確認された。安否が確認されていなかった10人のうち、21日夜、安倍晋三首相は、7人の死亡が現地の病院で確認されたことを明らかにした。安倍首相は、「世界の最前線で活躍する日本人が、何の罪もない人々が犠牲となり、痛恨の極みだ。（中略）無辜《むこ》の市民を巻き込んだ卑劣なテロ行為は決して許されるものではなく、断固として非難する。わが国は引き続き国際社会と連携して、テロと戦う決意だ」（1月22日・MSN産経ニュース）と述べた。

「日揮」は1960年代から、アルジェリアに進出している。外務省より、「日揮」の方が、現地事情やテロの危険性について熟知している。また、この施設には英国系メジャー

（国際石油資本）のBP[*30]も参加している。民間企業であるにもかかわらず、BPはヨーロッパの中堅国くらいのインテリジェンス能力を持つ。特にテロ対策については、細心の注意を払っていたはずだ。それなのになぜこのようなテロ事件が発生したのだろうか。それは、今回この事件を引き起こしたイスラム過激派のインテリジェンス能力が、想定をはるかに超える高い水準にあったからだ。

〈英BBCはアルジェリアで取材中の仏メディアの記者の話として、「武装グループは（天然ガス関連施設内で）外国人、日本人がいる場所や、部屋番号まで正確に把握していた」と説明。武装グループが警備が厳重な施設に入り込み、広大で複雑な施設内で迷わずに動いていたことから、内通者がいたのは間違いないとの見方が従業員に出ていたと伝えた。〉（1月22日・朝日新聞朝刊）

テロ組織が、施設の従業員を装って、工作員を潜入させていたか、もしくは人事や処遇に不満を持つ従業員を協力者に仕立て上げていた可能性がある。インテリジェンスの王道は、ヒュミント（人間による情報収集や工作活動）だ。イスラム過激派がかなり高い水準のヒュミント能力を持っていることが今回の事件で露呈した。インテリジェンス戦争で、アルジェリア、フランス、英国、日本は、テロ組織に敗れたのである。

日本政府は、今回の事件に遭遇した日本人から、出来るだけ早い時期に、何があったかについて本格的なヒアリングをすることが、今後の対策を立てる上で不可欠だ。事件に遭遇した人々が、マスメディアの報道を含め、外部の情報に触れると記憶が変容する可能性がある。事件に遭遇した方々には、追加的な負担をかけることになるので誠に申し訳ないが、心理学の専門家が必要なケアをしながら、外部からの情報や評価が入る前に、事情聴取をしておくことが、今後のテロ対策にとって死活的に重要になる。

〈'13・2・21〉

イスラエルのシリア空爆を「日本の国益」の観点で考える

アルジェリア人質事件では、日本人が10人も殺害された。それにもかかわらず、外務省はテロとの戦いについて、真面目に考えず、本末転倒した議論をしている。

1月30日未明、イスラエル空軍機が、シリアの首都ダマスカス郊外を空爆した。イスラエルは本件に関して沈黙しているので、真相は明らかになっていない。しかし、シリアの政府系テレビがイスラエルの空爆によって破壊されたとする施設の映像を放映した。

〈「シリアに対処する政策は、悪い選択肢と、より悪い選択肢しかない」。イスラエルのネタニヤフ首相は28日、米議員団との会談で、今後シリアが保有する化学兵器がどうなるかについて懸念を示した。エルサレム・ポスト紙が伝えた。

同紙によると、同施設は、化学兵器や生物兵器が製造され、レバノンのイスラム教シーア派組織ヒズボラ[*31]やパレスチナ自治区ガザのハマス[*32]などの武装勢力に供給されているとイスラエルが疑っていた国営の施設に似ているという。この施設についてシリア軍は30日に発表した声明で「自衛能力を高めるための施設」と説明し、「過去数カ月にテロリストのグループが施設を乗っ取ろうとしたが、失敗した」としている。

イスラエルはこれまで「化学兵器の移転」を軍事行動に踏み切る一線とほのめかしており、事前に何らかの情報を得て先制攻撃を仕掛けた可能性もある。〉（2月1日・朝日新聞デジタル）

シリアは化学兵器を保有している。この化学兵器がレバノンのイスラーム過激派「ヒズボラ」に渡ると、サリン、VXガスなどを用いたテロ攻撃がイスラエルに対して仕掛けられる可能性がある。また、シリアの化学兵器がアルカイダ系のテロ組織に渡ると、日本を含む西側の政府機関や企業が標的とされる。このような事態を阻止するためにイスラエルが先制攻撃を行っても、それは日本の国益と合致する。それにもかかわらず、外務省は、首相官邸がイスラエルと距離を置く方向に誘導する説明を行っているようだ。

〈イスラエルが導入する最新鋭戦闘機F35に日本国内で製造された部品が使われる場合の安倍内閣の対応で、イスラエル軍によるシリア空爆が影を落としている。安倍内閣は武器輸出三原則の例外にあたる同盟国・米国との共同生産で輸出を認めたい考えだが、「国際紛争の助長回避」を基本理念とする三原則との整合性をとることがさらに難しくなりそうだ。〉（2月1日・朝日新聞デジタル）

テロとの戦いでは、日本の自衛隊も多国籍軍に加わっている。米国と共同生産したF35がイスラエルに輸出されても、日本の国益を毀損することは何もない。それにもかかわらず、外務省はあえて武器輸出三原則の「国際紛争の助長回避」を強調し、「平和の使徒」のような顔をする裏には、アラブ諸国やイランとの関係を刺激するべきでないとする一部外務省幹部の思惑が働いていると筆者は見ている。外務省の対応は日米同盟に亀裂を走らせかねない。

北方領土の「名称変更」には
ロシアの対日関係改善の意図あり

〈'13・2・28〉

ロシアで北方領土の名称を、ロシア風に改称しようとする動きがある。この中心になっているのが民族主義的な青年団体の「若き親衛隊」だ。この組織の幹部マクシム・ルドニエフは、〈例えば、シコタン島は最初の発見者であるマルティン・スパンベルグ[*33]の名前をとってシパンベルグ島とするのがいいでしょう。イトゥルプ島については、そのシパンベルグがかつて名づけたようにナジェージダ島とするべきです。ハボマイ群島およびクナシル島については、原住民であるアイヌ人の言葉からのロシア語訳で、プロースキエ・オストラヴァー（平坦な島々）、チョールニィー・オースラフ（黒い島）とするのがよい。〉（2月11日・露国営ラジオ「ロシアの声」日本語版ＨＰ）と述べる。

興味深いのは、「ロシアの声」の論評が、北方領土の名称を変更する必要はないという政治エリートの声を紹介していることだ。

〈専門家らの間では、このような提案は理解されていない。単なる領土ではなく、論争中の領土の名前を変更することは何の意味もなく、ロシア議会もロシア政府もそのような行動にはでないだろう。モスクワ国立国際関係大学国際研究所のアンドレイ・イワノフ主任学術研究員は次のように指摘している。

「島の名前を変更することには何の意味もありません。事実からいえば、第二次世界大戦の結果、ロシアの領土となったわけですから、それは何も補強する必要はありません。島々はすでに長い間ロシア連邦の管理下にあり、今に至るまで、政府は名称を変更することは考えませんでした。この提案は良い結果にはつながりません。ロシア外務省の政策は現在、領土問題を先鋭化させないことにあります。日本との間では互恵的な経済協力の問題が第一であり、それは十分成功裏に発展しています」

ロシア議会下院（国家会議）の国際問題委員会のヴェチェスラフ・ニコノフ第一副委員長も、そのような考えを持っている。ニコノフ氏は「統一ロシア」（その青年部が「若き親衛隊」）の議員だが、青年たちの意見を支持してはいない。「クリル諸島の名称を変更することは、法的な観点から見てその島のステータスには全く反映されない。また日本からは非友好的な行動だとみられることになる。日本との関係を緊張させることに意味はない」、とニコノフ氏は指摘している。〉（前出ＨＰ）

ニコノフの祖父は元ソ連外相でスターリンの側近だったモロトフだ。[*34] 筆者は外交官時代、ニコノフと親しく付き合っていた。ニコノフは聡明で無駄なことは絶対に言わない。また、現在、ニコノフはプーチン大統領の外交ブレインでもある。「日本との関係を緊張させることに意味はない」というニコノフの発言は、プーチンの意向を反映したものだ。

2月20日過ぎに森喜朗元首相が訪露することを念頭に置いて、ロシアは国営ラジオを通じて「本気で対日関係を改善したい」というシグナルを送っている。外務省の宇山秀樹[*35]ロシア課長は、このシグナルを理解しているだろうか？

〈'13・3・7〉

「隕石爆発」は神の警告か？ プーチンが危ぶむ政治的影響

2月15日早朝（現地時間、日本時間同日午後）、ロシア・ウラル地方のチェリャビンスクに隕石が落下し、爆発した。17日、露国営ラジオ「ロシアの声」は、〈15日ウラル上空であった隕石爆発の威力は500キロトンで、広島に投下された原子爆弾の30倍にあたるものだった。これは米国NASAの専門家らが出している見方で、彼らの推測では、大気圏に突入した際の隕石の大きさは17メートル、重量は1万トンであった。なお大気圏に入ってから爆発までの時間は32秒半で、爆発は地上から約20キロ上空で起こった。／隕石は、白煙を長い尻尾のように引くまばゆい光の球として、大気圏内を飛行したが、金曜日、その様子はチェリャビンスク州ばかりでなく、近隣のチュメニ、クルガン、スヴェルドロフの各州、ロシア連邦バシキール共和国、さらには隣国のカザフスタン北部の住民達も目撃した。なお空中爆発があったのは、チェリャビンスク上空で、まさにそこで最も大きな被害が出た〉

と報じた。

〈プーチン大統領自身が15日、プチコフ緊急事態相らを招集し、「冬でもあり、ことは緊急を要する」として、復旧活動や被災者の支援を指示した。／（中略）チェリャビンスク州や周辺地域には、使用済み核燃料の再処理施設や原発がある。過去には、兵器用プルトニウムの製造施設で、放射性廃棄物の保管場所が爆発し、大量の被曝者を出す惨事も起きた。隕石の墜落に対して、「危うく第2のチェルノブイリ[*36]になるところだった」とする報道もあった。／プーチン氏は「（隕石を）監視する効果的な仕組みは今のところない。天文学的な観点からだけでなく、国民への事前警報の問題も考えなければならない」と表明

した。〉（2月16日・朝日新聞デジタル）

隕石爆発が国民に動揺を与えないようにプーチンが働きかけている背景には宗教的要因がある。ソ連の構造的欠陥が可視化されたのが1986年4月26日のチェルノブイリ原発事故だった。チェルノブイリとは、ロシア語で「苦よもぎ」の意味だ。この世の終わりについて記した『新約聖書』の「ヨハネの黙示録」にこんな記述がある。

〈第三の天使がラッパを吹いた。すると、松明《たいまつ》のように燃えている大きな星が、天から落ちて来て、川という川の三分の一と、その水源の上に落ちた。この星の名は「苦よもぎ」といい、水の三分の一が苦よもぎのように苦くなって、そのために多くの人が死んだ。第四の天使がラッパを吹いた。すると、太陽の三分の一、月の三分の一、星という星の三分の一が損なわれたので、それぞれ三分の一が暗くなって、昼はその光の三分の一を失い、夜も同じようになった。〉（「ヨハネの黙示録」8章10〜11節）

ロシア人は人智を超える力を恐れる。今回の隕石爆発事故が、「神がプーチン政権に与えた警告だ」という受け止めをしているロシア人が少なからずいる。隕石爆発の政治問題化をロシア政府は本気で心配している。

＊1　自民党の国会議員3人に対し〜
2011年8月1日、竹島に近い鬱陵島を視察するためにソウル・金浦空港に到着した自民党の新藤義孝、稲田朋美、佐藤正久の国会議員3人の入国を、韓国政府は国内の反発による混乱を理由に拒否。同日夜、帰国。

＊2　メドベージェフ（1965〜）
ドミートリー・メドベージェフ。ロシア連邦第3代大統領を経て、現在、第10代首相。サンクトペテルブルク市時代からプーチンと歩調を合わせ、プーチンの首相就任以来、政府要職に。2008年大統領選でプーチンから後継者指名。

＊3　プーチン（1952〜）
ウラジミール・プーチン。現在、第4代ロシア連邦大統領。KGBなどを経て99年、首相代行に。同年、当時のエリツィン大統領が健康上の理由で退陣後、大統領代行に指名。北方領土問題を解決して、日本との間に平和条約を締結することに意欲的な姿勢を見せる。

＊4　ジリノフスキー（1946〜）
ウラジミール・ジリノフスキー。ロシア自由民主党党首。政権批判に始まり、北方領土問題に関して「東京に原爆を落としてやれ」と言ったとされる過激言動、極右的発言で知られる。

＊5　ジュガーノフ（1944〜）
ゲンナジー・ジュガーノフ。ロシア連邦共産党党首。1996年、2000年、08年、12年の大統領選に出馬するも落選。12年の選挙では不正を指摘し抗議。

＊6　オバマ（1961〜）
バラク・フセイン・オバマ。第44代アメリカ大統領、現在、2期目。民主党。米露間の大陸間弾道ミサイルや核兵器等の削減を軌道に乗せていくことを表明。

＊7　スターリン（1879〜1953）
ヨシフ・スターリン。ソビエト連邦第2代最高指導者。第二次大戦ではナチス・ドイツと戦い、戦後は東西冷戦構造によって世界を二分した。独裁的政治体制を築き、側近から一般の市民まで多数の人々が粛清された。

＊8　第三次中東戦争
1967年6月5〜10日、イスラエルとアラブ連合軍（エジプト、シリア、ヨルダン）の間で起こった戦争。イスラエルはガザ地区とヨルダン川西岸地区を獲得、シナイ半島とゴラン高原を占領下に置いた。

＊9　鈴木宗男（1948〜）
新党大地代表。自民党時代に北海道開発庁長官、沖縄開発庁長官、内閣官房副長官などを歴任。あっせん収賄容疑で逮捕。一連の事件を否定し国策捜査であると批判するが、最高裁の上告棄却で懲役2年の実刑確定。喜連川社会復帰促進センターにて服役、収監

1年で仮釈放。2012年11月、再審請求。証人尋問の際に検事が尋問シナリオを作成したという無罪に繋がる新証拠も。

*10 玄葉光一郎（1964〜）
福島県選出の衆議院議員。自民党、無所属、新党さきがけなどを経て民主党。菅内閣で内閣府特命担当大臣、野田内閣で外務大臣を務める。

*11 暴徒をテヘランの〜
2011年11月、イランの首都テヘランの英国大使館にイランの学生が乱入、関連施設にも暴徒化した学生が襲撃。イギリスは外交官をイランから引き揚げさせ、在ロンドン大使館の即時閉鎖とイラン人職員全員の48時間以内の国外退去を求めた。

*12 金正日（1941〜2011）
北朝鮮の第2代最高指導者。建国の祖である金日成の長男。朝鮮労働党中央委員会総書記、国防委員会委員長、朝鮮人民軍最高司令官、中央軍事委員会委員長を務める。死後、朝鮮民主主義人民共和国大元帥の称号。三男の金正恩を後継者に。02年に米国から悪の枢軸と批判され、武力衝突をちらつかせる瀬戸際外交を展開。

*13 イランの核開発
2002年以降、イランの反体制組織や米国が核開発施設の存在を指摘。パキスタンのカーン博士による「核の闇市場」からの技術提供を受けたことも判明した。2013年夏までにはウラン濃縮を完了させるとされ、最終段階に入ったとの報道も流れた。起爆

装置の開発に踏み出せば、そこから1年以内に核兵器が完成するとされた。

*14 橋下徹（1969～）

大阪府知事を経て、2011年に大阪市長就任。弁護士。日本維新の会共同代表、大阪維新の会代表。タレント時代にバラエティ番組「行列のできる法律相談所」レギュラーとして人気を博す。

*15 クリル

日本の北方領土、千島列島のロシア語での呼び名。

*16 APEC

アジア太平洋経済協力。1989年、日本、米国、カナダ、韓国、オーストラリア、ニュージーランド、そしてASEAN（東南アジア諸国連合）加盟のタイ、インドネシア、シンガポール、フィリピン、マレーシア、ブルネイほかの21の国と地域が加盟。環太平洋地域における多国間経済協力の進展が眼目。

*17 ならず者国家

世界の平和に対して脅威となる行動をする国家。米国の公式声明として使われる。北朝鮮、イラク、イラン、アフガニスタン、リビアが90年代末において該当した。

*18 ノドン・ミサイル

北朝鮮が開発した中距離弾道ミサイル。ノドンは発射実験が行われた地名から米国がつけた。全長16メートル、重量16トンとされ、射程は1300～2000キロ。

＊19 スカッド・ミサイル
旧ソビエト連邦が開発した短距離弾道ミサイル。イラン・イラク戦争のほか、1991年の湾岸戦争でも使用された。決して信頼性の高い精度はないが、小型で自走式発射台に搭載して移動でき、発見されにくいなどのメリットも。北朝鮮のミサイルもスカッドをベースに開発されたもの。

＊20 アサド（1965〜）
バッシャール・アル＝アサド。2000年からシリア大統領。先代大統領である父親から40年以上に及ぶ独裁政権の世襲を続ける。国内では反政府デモが起き、内戦状態に。政府軍の攻撃によって2014年8月時点で死者は19万1000人を超えたと発表。

＊21 中国漁船衝突事件
2010年9月7日、尖閣諸島で違法操業中の中国漁船を取り締まろうとした海上保安庁の巡視船に、中国漁船が衝突。公務執行妨害で船長らを逮捕するが、那覇地検は処分保留で釈放。政治判断ではなく検察独自の判断であることを強調した。その後、海上保安庁石垣海上保安部が撮影したとされる映像がＹｏｕＴｕｂｅに投稿され、海上保安官が映像を流出させたと自ら名乗り出た。

＊22 日本国憲法9条
憲法の3大原則の1つである平和主義を規定。第9条第1項で戦争の放棄、第2項前段で戦力の不保持、第2項後段で交戦権の否認を記す。

＊23　地権者
尖閣諸島のうち魚釣島、北小島、南小島を所有していた埼玉県在住の一家。3島は日本政府に20億5000万円で購入され国有化。領有を主張する中国で激しい反日運動が起こった。

＊24　李明博（1941～）
大阪市出身。2013年2月まで第17代韓国大統領。就任当初は年間経済成長率7％など高い目標を掲げ期待されたが、任期残り半年時点で過去最低の支持率17％。竹島上陸のほか「天皇訪韓なら謝罪を」と要求するなどの言動を続けた。

＊25　杉山晋輔（1953～）
在韓国日本大使館公使、在エジプト日本大使館公使、地球規模課題審議官を経て、2011年よりアジア大洋州局長。

＊26　武藤正敏（1948～）
在韓国日本大使館参事官、外務大臣官房審議官、在クウェート特命全権大使、在韓国特命全権大使などを歴任。現在、東西大学校国際学部特任教授。

＊27　ベネルクス3国
ベルギー、オランダ、ルクセンブルク。それぞれの頭文字からなる呼称。いずれも立憲君主制をしく。

＊28　欧州石炭鉄鋼共同体
1952年に発足した経済協力機関。石炭、鉄鋼の生産・価格・労働条件等の共同管理を目的とする。58年発足のEEC（欧州経済共同体）の母体となる。

＊29　アルジェリア東北部～
2013年1月16日、イスラム武装勢力がアルジェリアのイナメナスの天然ガス精製プラントを襲撃。日本人10人を含む少なくとも40人の命が奪われた。

＊30　BP
イギリスに本拠を置くエネルギー関連企業。BP、エクソン・モービル、シェブロン、ロイヤル・ダッチ・シェル、トタル、コノコフィリップスの6社は石油市場を支配する「スーパー・メジャー」と呼ばれる。

＊31　ヒズボラ
1982年に結成されたレバノンに拠点を置くシーア派イスラム原理主義の政治・武装組織。アラビア語で神の党を意味する。シリア内戦に介入し、政府軍に協力して戦闘行為を行っているとの報道も。

＊32　ハマス
1987年に創設されたイスラム主義を掲げるパレスチナの政党。アラビア語で激情を意味する。イスラエルに対してテロを含めた武装闘争路線を維持。イスラエル、EU、米国はテロ組織に指定した。

＊33 マルティン・スパンベルグ（生年不詳～1761）

ロシアの航海者。米国とアジアを分かつ海峡の存在を調査したベーリングの第一次航海に参加。第二次ベーリング探検隊で千島列島および日本近海を航行する。

＊34 モロトフ（1890～1986）

ヴァチェスラフ・モロトフ。旧ソ連の政治家。首相、外相を務める。第二次世界大戦前後の時期、スターリンの側近として外交を主導。

＊35 宇山秀樹

外務省ロシア課長。佐藤優氏がテルアビブで行われた国際学会の経費を支援委員会から支出した事実を巡って背任に問われた際、同支援委員会を主管するロシア支援室の首席事務官を務めていた。本来ならば、連帯して責任を負う立場にあった。

＊36 チェルノブイリ

1986年4月26日に旧ソ連のチェルノブイリ原子力発電所の4号炉で起きた事故。炉心がメルトダウンの後、爆発。原発から北東に向けて約350キロの範囲にホットスポットを生じさせた。同スポットは農業、畜産業などが全面禁止され、原発から半径30キロ以内は居住禁止に。その後、80万人の労働者を動員し、石棺と呼ばれるコンクリートによる封じ込めで放射線の遮蔽を図る。福島第一原発事故と同じ最悪のレベル7（深刻な事故）。

第3章　外務省に外交能力はあるのか

国益よりも自己保身に走る
元駐ロシア大使の策謀を暴く！　〈'11・12・8〉

2011年11月に刊行された『現代用語の基礎知識　2012年版』（自由国民社）の「日本外交」の章は、筆者が執筆した。「日本とロシアの関係」で、筆者は「前原提案」について、こう記した。

〈2011年2月11日、モスクワで行われた日露外相会談において前原誠司外相がロシアのラヴロフ外相に対して、日本の法的立場を毀損せずに北方領土における日露共同開発の可能性の検討を提案したこと。前原提案が実現すれば、北方領土交渉が加速するとみられている。〉

民主党政権の外相で、日露関係に関しては前原誠司氏[*1]が最大の成果を残した。外交において、関係悪化を防ぐ「マイナスのミニマム（極小化）」がとても重要だ。この仕事をやるには政治的センスと過去の外交交渉に関する知識の双方が必要になる。

外務官僚は、外交秘密文書をなかなか政治家に見せない。特に北方領土交渉について、その傾向が強い。ただし、外相が「交渉に必要だから、過去、日本とロシア（ソ連）の間で行われた首脳会談、外相会談、事務レベル協議の秘密記録を見せてください」と言えば、外務官僚がそれを断ることはできない。外相ポストに就いているときだけ、政治家が秘密文書を読んで、北方領土交渉の真実について知ることが出来る「機会の窓」が開く。それにもかかわらず、外相ポストに就いている間に外交文書を読んで、自分の頭で日本の外交戦略について考える政治家は少ない。前原氏は、過去の秘密文書をきちんと読んだ上で、北方領土交渉の突破口を開く鍵が共同経済活動にあると考え、「前原提案」を行ったのだ。

ロシアのプーチン首相は、「前原提案」に関心を示している。来年3月のロシア大統領選挙ではプーチン氏の当選が確実視されている。そうなると「前原提案」を基礎に北方領土交渉が動き始める可能性がある。

これを何としても阻止しようと考え、策動を始めた勢力がある。その1人が丹波實元駐露大使だ。[*2] 11月22日付読売新聞朝刊で丹波氏がこんなことを述べている。

〈共同経済活動についても憂慮する。私は小渕首相の訪露後に作られた共同経済活動委員会の日本側議長を務めたが、結局休眠状態になった。4島での共同経済活動という時、ロシア側は自らの管轄権を前提としている。ラブロフ外相も「ロシアの法律の下で行われる」と繰り返し明言している。日本側は絶対この提案に乗ってはならない。これは、この問題に深くかかわってきた私の見解である。〉

丹波氏は、共同経済活動提案について「日本側は絶対この提案に乗ってはならない」と述べているが、この提案を行ったのは前原外相、すなわち日本側だ。前原提案を継承することを松本剛明前外相、玄葉光一郎現外相も国会で明言している。丹波氏は、日本政府の提案を否定している。率直に言うが、丹波氏の能力不足のために共同経済活動委員会は休眠状態になった。「前原提案」が実現すると自らの無能さが露呈する。それを恐れ、丹波氏は共同経済活動にブレーキをかけようとしているのだと筆者は見ている。

〈12・3・8〉

筆者と宗男氏をハメた外務省が再び！
某官僚の非情なる性根に呆れる

鈴木宗男・新党大地代表が外務官僚に対して、怒り心頭に発している。鈴木氏は、2月20日のブログにこう記している。

〈在京の駐日大使が来られ、色々お話しする中に「鈴木先生のことを話すと、外務省の中には反対、受け入れられない態度を取る人がいますね」と、さり気なく申された。こうした話は以前からも様々なチャンネルを通じ、入ってきた。私は気にしていないが外務省が異常反応しているのだろう。2年前政権交代し、私が衆議院の外務委員長になった時でも無視していた幹部が居たが、今もそんな懐の狭い、人間的に心無い官僚が居ることに、これでは良い外交は出来ないとつくづく思う。

11年前、鈴木バッシングが始まったのは外務省のリークによるものだ。誰が流し、誰が持ち歩いたかは私も佐藤優さんもよく知っている。その連中が外務省に残っており私が公党を立ち上げたり、存在感・発信力があることを良く思っていないのだろう。いずれにせよ、時が解決することだろう。今、政府に外交が無いとよく言われるが、外務官僚が裂帛《れっぱく》の気合で総理大臣を、外務大臣を守るという姿勢が見えてこない。ここに外交不在の不幸がある。

外国の大使から外務省はどうなっているのですかね。鈴木先生は外務省の応援団、理解者として多くの事をやられて来たと思いますが、全く恩や情を忘れてますと、言われるようでは情けない限りである。外務官僚の中にも国益を考える良い人もいるので、その人達に期待するしかない。〉

以下は、鈴木氏の見解ではなく、鈴木氏のブログを読んだ筆者の感想だ。ここで鈴木氏が念頭に置いている外務官僚は、河相周夫[*3]内閣官房副長官補だ。内閣官房副長官補は、事務次官と同格なので通常は「あがり」のポストだ。しかし、過去に谷内正太郎[*4]氏が、内閣官房副長官補から外務事務次官になった例がある。河相氏は、自分にも事務次官ポストが転がってくるのではないかという夢を見て、いろいろ画策しているようだ。外務官僚の人事権は玄葉光一郎外相が握っている。従って、さまざまな機会を利用して河相氏は玄葉外相の覚えを目出度くすべく腐心しているようだ。

鈴木氏は、河相氏が外務事務次官になると、歪んだ対米従属思想から、北方領土交渉を潰そうと画策するのではないかと懸念している。もっとも筆者は、河相氏のような信念がなく、出世しか考えない官僚は、首相官邸が本気で北方領土交渉を進めようとすれば、それにホイホイと従ってくると見ている。小心者の河相氏に首相官邸の指示をサボタージュする腹はない。

問題は、河相氏の能力だ。誰にでも調子のいいことを言うが、腹がない河相氏のような人物に、タフネゴシエイターのロシア人とまともな交渉ができるとは思わない。鈴木氏は、河相事務次官体制の外務省を想像しながら、どうすれば北方領土交渉が前進するかについて、今から入念な戦略を練っているのだと思う。

〈'12・3・29〉

領土問題解決を含む露のシグナルを
あえて期待値低く情報操作する外務省

外務官僚に「期待値下げオペレーション」という裏技がある。外交交渉で前進が期待されているときに、このまま期待値が上がり過ぎると、あとで「よくやった」と政治家や世論から外務官僚が褒めてもらえなくなるので、あえて実態よりも厳しい状況を装うという高等技術だ。

3月1日、プーチン首相は、モスクワで行われた外国人記者との会見において（日本からは若宮啓文・朝日新聞主筆が参加）、日本語で「はじめ！」と言って、北方領土問題解決への意欲を示した。プーチンの発言を虚心坦懐に読めば、1956年の日ソ共同宣言で約束した歯舞群島、色丹島の二島引き渡しを出発点として、日本と北方領土交渉を行うというシグナルを出したことは明白だ。

それにもかかわらず、外務省欧州局の岡野正敬[*5]ロシア課長や上月豊久[*6]審議官は、記者や一部の政治家に「プーチンが言っているのは、最大限譲歩して二島だ。この部分を朝日新聞が書いていないのはミスリーディングだ」という情報操作を行っている。ロシアの専門家ではない、フランス語研修の岡野ロシア課長が、ロシア人の内在的論理を理解できないのは、ある意味で仕方がないことだ。

しかし、ロシア・スクール（外務省でロシア語を研修し、対露交渉に従事することが多い外交官の語学閥）のドンである上月氏がこのような頓珍漢な理解をしているとは思えない。恐らく、マスコミ関係者とレベルが低いと思う政治家に対して「期待値下げオペレーション」を行っているのだと筆者は見ている。

その根拠は、3月7日、沖縄・北方委員会における浅野貴博衆議院議員（新党大地）が、

「プーチン新大統領の発言は、まさに、二島だけでは我が方としては平和条約は結べないという日本側の立場を認識された上での発言であると思います。つまり、56年の日ソ共同宣言[*7]を基礎として、二島プラスアルファの妥協も考えているというシグナルだと私は考えておりますが、これはまさに、2001年、当時の森首相とプーチン大統領とで交わされたイルクーツク声明の内容ではないかと思います。今後、日本として、イルクーツク声明に基づいた交渉を行っていく、このように理解してよろしいでしょうか」

と質したのに対し、玄葉光一郎外相がこう答えたからだ。

「まず、政府として、今御指摘があった２００１年のイルクーツク声明を含めて、これまでの日ロ間の諸合意、諸文書、そして法と正義の原則に基づいて、北方四島の帰属の問題の解決に向けて精力的に交渉をしていきたい。今御指摘のイルクーツク声明というのは、１９５６年の日ソ共同宣言が平和条約交渉の出発点を設定した基本的な法的文書であることを確認した上で、１９９３年の東京宣言に基づいて、北方四島の帰属の問題を解決することにより平和条約を締結すべきことを再確認した重要な文章であるというふうに考えております」

玄葉外交が、この答弁の方針を発展させれば、歯舞群島と色丹島の日本への引き渡しに関する具体的な協議と、国後島、択捉島が日露のいずれに帰属するかについての協議を同時並行的に進めることが可能になる。北方領土が日本に近づいてくる。

中国書記官が違法登録で商業活動発覚 この罪を「貸し」にして外交に活用せよ 〈'12・6・21〉

在京中国大使館の李春光一等書記官が、外交官の身分を偽って外国人身分登録証を入手したり、銀行口座を開設し、そこに民間企業から顧問料を入金したりしていたことが発覚した。ウイーン条約[*8]で外交官は、商業活動から隔離されている。この条約で、外交官は身体に対する不可侵権や、租税の免除などの外交特権を与えられている。同時に外交官は任国の法令を遵守する義務を負う。身分を偽って、外国人登録証を入手したことは、日本国の法令に違反する。中国政府は、自国の外交官である李春光が違法行為を行ったことに対して、謝罪する義務がある。

中国側も事態がマズイということには気づいた。5月30日の定例記者会見で、中国外務省の劉為民報道官は、

〈(李春光)書記官が外国人登録証明書を悪用し、ウィーン条約で禁じられた商業活動をしたとの疑いについては「中国側の関係部門が調べて確認を行う」と説明、中国政府とし

て調査を進める考えを示した〉（5月30日）

要するに、調査して、李春光に不正蓄財などの違法行為があれば、中国政府は日本政府に謝罪することを示唆し、事態を穏便に済ませようとしていたのだ。

本件は、日本側が100パーセント正しい。こういうとき日本外務省は、相手の傷口に塩を塗りつけて、日本が中国に対して「貸し」を作っておかなくてはならないのに、そうなっていない。中国に勤務する日本の外交官がスキャンダルで揺さぶられているので、日本外務省が腰砕けになっているのではないかという悪い予感がしたが、どうも的中したようだ。6月6日付朝日新聞朝刊がこう報じた。

〈外務省、在中国職員に帰国令　スパイ疑惑対抗措置警戒か

外務省が中国・上海に派遣した専門職研修生の男性職員に対し、5日付で急きょ帰国を命じる人事を発令したことが分かった。日本政府関係者によると、男性職員は中国政府の公安部門から出頭要請を受けていた。中国大使館1等書記官のスパイ疑惑事件に対する中国政府の対抗措置を警戒した日本側の対応とみられる。／男性職員は昨年から2年間の予定で、上海で語学研修を受けていた。最近、中国の地方都市の施設を視察したところ、中国の公安関係者から出頭の要請があったという。／研修生は北京の日本大使館に事実関係

を連絡。外務省は中国政府がスパイ疑惑事件に対する対抗措置として男性職員をスパイ容疑などで拘束する可能性があると判断した模様だ。男性職員は出頭要請に応じず、帰国の途についたという。(牧野愛博)〉(6月6日・朝日新聞デジタル)

中国で研修する日本外務省研修生は、外交官として接受されず、一般留学生と同じ扱いなので外交特権を持たない。従って、中国当局によって拘束されるリスクがある。しかし、それだからといって、中国側の呼び出しを食らったくらいで、すぐに帰国させるのは過剰反応だ。それとも、この研修生は規格外のスキャンダルを起こしたのか。外務省には説明責任がある。

〈'12・7・5〉

日露首脳会談のブリーフィングに見た政治主導に従わない外務官僚の思惑

6月18日(日本時間19日未明)、メキシコのロスカボスで野田佳彦首相がプーチン露大統領と会談した。20カ国・地域(G20)首脳会議の合間をぬって行われた会談なので、時間が30分しかとれなかった。首脳会談は逐次通訳を通して行われるので、実質的な会談時間は15分だ。

両首脳が「領土問題に関する交渉を再活性化させることで一致した」（6月18日、ロスカボスにおける長浜博行内閣官房副長官の記者ブリーフィング〔説明〕）ことは、成果といえる。北方領土交渉は、2001年3月に当時の森喜朗首相とプーチン大統領が署名したイルクーツク声明以後、実質的な動きがまったくなかった。それどころか、2010年11月には、メドベージェフ大統領（当時）が、ソ連時代を含むロシアの元首としてはじめて北方領土（国後島）に上陸し、日本国民の感情を逆撫でした。そして、日露関係は冷戦終結後、最低のレベルになった。過去11年の空白が、今回の首脳会談を転換点に改善できることを筆者は希望している。

しかし、不安は残る。確かに、野田首相、斎藤勁官房副長官、さらに民主党の前原誠司政調会長は、政治主導での北方領土問題解決を強く意図している。しかし、外務官僚がどれだけ真剣に首相官邸や民主党を支えているかについては疑問が残る。前出のブリーフィングで、日露首脳会談に同席した小寺次郎[*9]外務省欧州局長は、記者からの「なぜ『交渉の再開』ではなく『再活性化』なのか」という質問に対して、「交渉については、頻度はともかく『やらなくなった。やらなくていいんだ』という合意があったわけではない。『再開する』というよりも、続いているものをさらに実質的な嚙み合った議論にしていくという姿勢なので『再活性化』にした」

と答えた。実質的に嚙み合っていなかった今までの交渉の延長線上で北方領土交渉をしていくということだ。

ロスカボス日露首脳会談に関する朝日新聞（6月17日朝刊）の解説記事で、匿名の外務省幹部が、〈「『2か4か』という亡霊が歩いているうちは答えを出せない。プーチン氏の言う『引き分け』の中身まで、とても議論できる状況ではない」〉と述べている。ここから、「日本の政治が混乱し、北方領土に関する明確な方針を打ち出すことができていないので、牛のよだれのようにダラダラと交渉するふりだけはします」という外務官僚の本音が透けて見える。

今回の日露首脳会談で、この夏に玄葉光一郎外相がモスクワを訪問する方向で調整するという合意がなされた。北方領土問題は、トップの決断でしか解決できない。野田首相の訪露を先行させるべきだ。玄葉外相がラブロフ外相との交渉で、国際法的、歴史的議論の迷路に入り込んだら、北方領土は動かなくなる。もっとも、頭が良く自己保身に長けた外務官僚は今からそのような状況を想定して、交渉決裂の責任を玄葉外相に被せる準備をしていると筆者は見ている。

第2国際情報官室職員が自殺　秘密漏洩で事情聴取を受けていた
〈'12・7・12〉

6月25日、外務省のインテリジェンス部局である国際情報統括官組織・第2国際情報官室の男性職員（海上保安庁から出向の企画官）が20日に死亡していたことが明らかになった。

〈政府関係者によると、職員は新聞で報道された中国の北朝鮮への軍事車両輸出に関する情報の取り扱いをめぐり、外務省から事情聴取されていたとみられる。／外務省によると、職員は今年4月、海上保安庁から同省に出向していた。外務省は「勤務態度に問題はなかった。そのほかのことについては、プライバシーの問題があるのでコメントできない」などと説明している。〉（6月25日・MSN産経ニュース）

本件は国際的にインテリジェンスをめぐるスキャンダルになっている。ロシア国営ラジオ「ロシアの声」が、早速、反応し、25日にこう報じた。

〈マスコミに中朝関係の極秘情報を流した日本外務省職員が自殺

25日TBSテレビが伝えたところでは、この職員の遺体は、千葉県茂原市の自宅で発見された。遺体には自殺の痕跡があった。彼は先に自分の知り合いに、秘密漏洩の処分が待っていると語っており、すでに事情聴取を受けていた。／6月前半、彼はマスコミに、中国が昨年8月1日、上海から船で北朝鮮のナムポ港に弾道ミサイルの輸送・発射用の16輪の大型自走プラットホーム4基を送ったとの情報を伝えた。こうした供与は、2009年に北朝鮮に対する、軽火器を例外とした、あらゆる重兵器及びそれに関わる技術の輸出を禁じた国連安保理決議に違反する。自殺した職員は又、米国・韓国・日本は、朝鮮半島における安定維持の道の模索において重要な役割を演じている北朝鮮との関係を緊張させないため、入手した情報を公表しない事に決めたと伝えた。／情報の漏洩は、国際的なスキャンダルを呼び起こした。玄葉外相は、この件に関し国会で答弁に立ったが、テーマが極秘であるとして、中国による北朝鮮への重車両の供給情報については、確認も否定もしなかった。一方中国外務省は、そうした非難を斥けている。／米国行政府は、重車両に関するマスコミ情報に関連して憂慮の念を表明したが、北朝鮮との協力は続けるだろうとしている。なおその際米国務省スポークスマンは、情報は課報機関ルートで得られたものだと

し、この件の詳細を明らかにするのを拒否した。〉（6月25日「ロシアの声」日本語版HP）

筆者は、国際情報統括官組織の前身である国際情報局に主任分析官として勤務したことがあるので、今回の事態の深刻さがよくわかる。海上保安庁からの出向者は、外務省のかなり高いレベル（秘や極秘の指定がなされた公電はもとより、状況によって、極秘限定配布という極めて秘密度の高い公電にもアクセスできる）に触れることができる。それだけではない。このポストにいる人は、CIA（米中央情報局）、SIS（英秘密情報部）などの機密情報にもアクセスできるのだ。

〈'12・7・26〉

日露首脳会談での成果を偽装！
なぜ外務官僚は悪辣な嘘をつくのか

ロシアを担当する外務官僚は、品性が下劣なだけでなく、能力も基準に達していないことが明らかになった。7月5日付産経新聞が、外務官僚の嘘を暴露した。

〈野田佳彦首相とロシアのプーチン大統領が6月18日にメキシコで初めて会談した際、実際には両首脳とも北方領土交渉の「再活性化」とは発言しなかったにもかかわらず、日本側が再活性化で一致したと説明していたことが4日、判明した。複数の日露関係筋が明らかにした。首相の年内訪露で合意したことも、大統領が原子力エネルギー協力を提案していたことも明らかにされていない。これまでの首脳会談でも事後説明と実際の会談内容が異なることはあったが、政府内からも「これほど実態を反映していないのは珍しい」との批判が出ている。〉

同5日の記者会見で、藤村修官房長官は、ロスカボス（メキシコ）の日露首脳会談で野田佳彦首相もプーチン大統領も「再活性化」という発言をしていないという事実を明らかにした。

〈「その言葉（引用者註＊再活性化）を使ったかどうか精査をしたところ、なかった」と発言自体はなかったことを認めた。ただ、「『再活性化』という言葉が実態と食い違っていることはまったくない」とも述べ、政府の説明に問題はないとの認識を強調した。／首脳会談後に日本側が領土交渉の「再活性化」で一致したと説明したことについては、「会談での両首脳のやりとり、事後の日露間のやりとりにかんがみて実質的な交渉を新たに進めていくという日露間の合意が確認されている」とした上で、「そのことを説明する際に

『再活性化』という言葉を用いた」と釈明した。／日露首脳会談はメキシコでの20カ国・地域（G20）首脳会議の際に行われ、首相は会談後「領土問題の議論を再活性化することで一致した」と記者団に表明。会談に同席した長浜博行官房副長官も事後説明で「再活性化を図ることは日本側からの発言だ」と述べていた。〉

藤村長官は、「再活性化」という言葉を使ったこと自体には問題がないと外務省を守っているように見えるが、そうではない。守るときは、「趣旨としては再活性化ということなので、まったく問題ない。具体的にどのような言葉を使ったかについては、外交交渉なので答を差し控えさせていただきたい」と答える。「その言葉を使ったかどうか精査をしたところ、なかった」とは、首相官邸が外務省に対して、「外務官僚ども、よくもいい加減なブリーフ（説明）で首相官邸に恥をかかせてくれたな。オヤジ（野田首相）もプーチンも使っていない『再活性化』という言葉をキーワードにして、成果を偽装しやがった。外務官僚の嘘を国民の前に明らかにして締め上げてやる」という意味だ。

さらに年内首相訪露に関する合意は、解散や総辞職はしないという野田首相の強い決意を示すものだ。この情報を隠しているのは、外務官僚が野田政権は長くないと見ている証左だ。外務省に対して首相官邸は懲罰を加えているのだ。

秋田犬とシベリア猫で動物外交
外務官僚は猫から知恵を分けてもらえ

〈'12・8・16〉

7月28日、ロシア南部のソチで、日露外相会談が行われた。

〈玄葉氏は会談でロシアのメドベージェフ首相が7月3日に国後島を訪問したことについて「双方が相手国の国民感情に配慮してものごとを進めていく必要がある」と抗議した。ラブロフ氏は会談後の共同記者会見で「訪問への抗議は受け入れられない。(今後も要人訪問を)控えることはない」と明言。「抗議は正常な対話に必要な雰囲気づくりに役立たない」とも語り、日本の反発は領土交渉にマイナスだと主張した。〉(7月29日・朝日新聞デジタル)

玄葉光一郎外相はラブロフ外相に完全に押し切られた。今回の日露外相会談の結果、「ロシア高官が訪問しても日本は文句を言えない」というゲームのルールが定着した。ロシア側の完勝だ。こうなってしまったのは特別なワケがあるからだ。日本外務省は、6月18日(日本時間19日)、メキシコのロスカボスで行われた日露首脳会談で、「両首脳は、領土問題に関する交渉を再活性化することで一致し（た）」（外務省HP）と発表した。しかし、7月3日にメドベージェフ露首相が北方領土・国後島を訪問したことで、「ロシアは北方領土交渉の再活性化という首脳会談の約束を反故にするのか」という怒りと不信感を国民はロシアに対して持った。その後、仰天するような事実が明らかになった。ロスカボス首脳会談で、野田佳彦首相もプーチン大統領も「再活性化」という言葉を一言も発していなかったのだ。実態よりも北方領土交渉が進んでいると粉飾するために外務官僚が「再活性化することで一致」というでっち上げを行ったのだ。それにもかかわらず外務官僚は、趣旨としては再活性化で一致したという強弁を繰り返した。

今回、外務官僚は、ロスカボス首脳会談で野田首相がプーチン大統領に寄贈すると約束した秋田犬の引き渡しを口実にして、玄葉外相のプーチン大統領表敬を実現し、「日露関係が良好だ」と演出する「犬外交」を考えた。さらに外相会談で「北方領土交渉の再活性化」について明示的に合意し、「ロスカボス首脳会談に関する外務省の説明は間違えていない」と外務官僚の自己正当化を図っていた。しかし、その目論見は完全に外れた。日露外相会談の記者ブリーフィングで外務省の岡野正敬ロシア課長は、「再活性化という言葉は今回の外相会談では使われていません」とはっきり述べた。ロシア側との事前折衝で玄葉外相がラブロフ外相に「北方領土交渉の再活性化」を呼びかけても肯定的回答が来ないという感触をつかんだので、破綻が露呈することを避けるために日本側の発言要領に「再活性化」という言葉を入れなかったのであろう。

もっとも今回の玄葉訪露でとてもよいことが一つあった。秋田犬をもらったお礼に、プーチン大統領が秋田県の佐竹敬久知事にシベリア猫を寄贈する意向を表明したことだ。かつて飼ったことがあるので筆者はよく知っているが、シベリア猫はとても頭がいい。外務官僚も猫から少し知恵を分けてもらった方がいい。

〈'12・9・6〉

領土問題勃発の最中に権益拡大人事
これが外務省の「本性」である！

領土は国家の礎だ。竹島には韓国の李明博大統領が上陸し、尖閣諸島にも香港の活動家が不法入国や不法上陸を行い、日本の国家主権が脅かされようとしている。報道を読んでいるだけではよくわからないが、野田政権は、領土問題については政治主導を発揮し、腰の重い外務官僚を厳しく指導している。首相官邸の指導がなければ、武藤正敏在韓国大使を李明博大統領が竹島に上陸した当日の8月10日に帰国させることもなかった。

竹島問題を国際化させて、韓国を追い込むという戦略も首相官邸主導で行われている。尖閣に関しても、日中間の武力衝突を避けることを視野に入れて、首相官邸は対中外交戦略を構築している。これに対して、外務官僚は事なかれ主義で、中途半端な対応をとっている。尖閣諸島・魚釣島に不法上陸した5人に関しては、送検し、背後関係や中国の公権力の関与について、外事警察が徹底的に調べる必要があるのだが、外務省が首相官邸にそのような進言をした形跡はない。

他方、外務官僚は、このどさくさに紛れて、自らの権益拡大を考え、外務事務次官、駐米大使などの人事を行った。

〈政府は（8月）19日、藤崎一郎[*10]駐米大使の後任に佐々江賢一郎[*11]外務次官（60）、武藤正敏韓国大使の後任に別所浩郎《こうろう》外務審議官（政務担当）（59）をそれぞれ起用する人事を内定した。／きしみを増している日米、日韓関係の立て直しを目指す。外務次官には河相周夫官房副長官補を充てる。9月8日に会期末を迎える今国会の閉会後、閣議で正式決定する。／政府は、民間から起用した丹羽宇一郎[*12]中国大使も、日中国交正常化40周年を迎える9月29日を待って、10月以降に交代させる方針。米中韓という主要国の大使を一斉に交代させるのは異例だ。／駐米大使に外務次官経験者が起用されるのは、２００１年に退任した柳井俊二氏[13]以来11年ぶり。佐々江氏は１９７４年に外務省に入省し、経済局長やアジア大洋州局長などを歴任した。日米両国の間には、米軍普天間飛行場（沖縄県宜野湾市）の移設問題や、米軍の新型輸送機ＭＶ22オスプレイの沖縄配備など懸案が山積しており、これらの事情に精通している佐々江氏が適任と判断した。〉（8月20日・読売新聞電子版）

今回の人事で注目すべきことが2点ある。第1は、１９９６年の橋本龍太郎政権のときから、外務省の大使、局長級以上の人事については、首相官邸の了承を事前に得て行うということになっているが、今回、外務省はそれを行わなかったことだ。佐々江賢一郎事務次官が玄葉光一郎外相をうまくまるめこんだのだろう。第2は、読売新聞も強調しているが、11年振りに外務事務次官経験者が在米大使に就任したことだ。佐々江氏は一部の政治部記者に対して「私はアメリカ大使になることを望んでいなかった」と言っているらしいが、外務省の場合、「なりたい」という人事が叶わないことはよくあるが、「なりたくない」と言えば、それが実現する。佐々江さんよ！　猿芝居はいい加減にした方が身のためだ。

在米大使と次官経験者が君臨する愚
外務省腐敗の元凶はここにある！

〈'12・9・13〉

２００１年、外務省の元要人外国訪問支援室長の松尾克俊氏[*14]による内閣官房機密費（報償費）の詐欺事件が発覚した。もっともこの機密費は、外交に使うためという口実で外務省報償費としてつけられた予算が首相官邸に上納されていたものだ（上納の事実については、秘密を知りうる立場にいた丹波實在露大使が01年に筆者に述べたことがある。丹波氏に言いたいことがあるならば、いつでも公開の席で対論する用意がある。丹波氏は、外務省の機密費問題や、一晩で数百万円が動く賭け麻雀について熟知する日本外交の裏歴史の生き証人だ）。

外務省が事務次官経験者を在米大使につけなくなったのは、機密費詐欺事件と関係している。松尾氏は、歴代在米大使と昵懇の関係にあった。外務省を牛耳る幹部外交官の裏会計係を松尾氏がつとめていたからだ。外務省キャリアは、自らカネをいじらない。しかし、蓄財術や裏金づくりに長けた会計担当職員が、幹部外交官には必ずついている。

外務省の場合、正規の給与の他に大使館や総領事館で勤務するときには、在外勤務手当という第二給与が出る。例えば、中国大使ならば基本手当が73万円、アフリカのコンゴ民主共和国では91万円だ。夫人を同伴させると手当が2割加算される。大使は公邸に住むので住居費はいらない。公費で調理人を日本から連れてくることができる。公用車も準備され、メイドや執事、運転手も公費でつけられる。これらの手当は経費であるにもかかわらず、精算義務がない。しかも所得税法の特例で、税金が一切かからない。

気の利いた会計職員がいれば、生活費のほとんどすべてを機密費や交際費などでまかない、本俸と在外基本手当は貯め込むことができる。

外務事務次官と在米大使を経験した者が「ドン（首領）」として居座り、人事やカネを恣意的に動かしていたことが、巨額の機密費詐欺事件を引き起こしたのである。

01年に外務省が、外務事務次官を最終ポストにするという改革を行ったのは、腐敗の構造を断ち切るためだった。裏返して言うならば、今回、外務省が佐々江賢一郎事務次官を在米大使に内定したことは、過去の腐敗の構造を復活させる効果を持つ。

かつて大使経験者は引退後、商社やメーカーから1社月50万円程度の顧問料で、4～5社の顧問を引き受けて悠々自適の生活を送った。しかし、経営が厳しい折、語学もろくにできず、人脈もない（日本人が付き合いたいと思わないのだから、外国人が付き合うはずがない）大使経験者が天下り先を見つけるのは至難の業だ。一昔前ならば大使経験者ならば大学に転出することができた。しかし、現在は外交官出身者は語学力も弱く学識に欠けることが露呈してしまったので、実際に論文で実績（他人に書いてもらった博士論文はダメである）をもっていないと大学にも就職できない。そこで外務官僚の生き残りのために、大謀略を仕組んだのが佐々江賢一郎事務次官なのだ。

新外務次官に醜聞の餞《はなむけ》を贈ろう
某公使の「W不倫」にご注意されたし

〈'12・9・20〉

外務官僚の腐敗はとどまるところを知らない。給与以外に税金のかからない在外勤務手当をもらい、しかも外交特権を活用できる。外交官専用の通信販売会社から購入するならば、ビールは１缶（カールスベルグ）50円、紙巻きたばこも１箱（マルボーロ）１５０円で買える。高校卒の会計や庶務を担当する外交官でも１億円以上の貯金をもっていることは珍しくない。女性キャリア官僚で40代で住宅を４軒買ったことについて自慢本を書いた人もいる。

このような外務官僚の特権にメスを入れたのが、2005年9月に衆議院議員に返り咲いた後の鈴木宗男氏だった。鈴木氏は外務省の内部事情に通暁している。それだから、在外勤務手当の積算根拠がデタラメでお手盛りになっていることを国会質問や質問主意書を通じて明らかにした。さらに国会の質疑では、原田親仁[*15]欧州局長（当時、現駐露大使）と直接対峙して、原田氏がソ連に勤務していた時期に闇ルーブル[*16]で蓄財していたという疑惑を追及した。原田氏は、銀行やホテルの両替所でルーブルを購入し、闇ルーブルには手をつけていないと答弁したが、それは嘘だ。筆者は、原田氏が闇ルーブルを扱っていた現場を目撃している。もちろんこのような行為は違法だ。こういう違法行為を犯し、ロシアの秘密警察に弱みを握られている輩が駐露大使をつとめているのだから、毅然たる北方領土交渉ができるはずがない。

もっとも、新聞辞令で外務事務次官に内定している河相周夫内閣官房副長官補は、日米同盟を維持するためには、北方領土問題が解決しない方が良いという冷戦時代の惰性でしか思考できないので、原田大使とはウマがあうだろう。

河相次官の就任をお祝いして、現在進行形のスキャンダルを暴露しておこう。8月下旬に北京の日本大使館で文化広報を担当する濱田茂雄公使（仮名）がワシントンの日本大使館に異動になった。夫人が裁判官なので、濱田公使は北京に単身赴任していた。そこで、臨時職員から登用され、現在は大使館で通訳をつとめている女性（日本人）と昵懇の関係になった。この女性の夫は北京でイタリアレストランを経営していたが、店を閉めて日本にもどった。要するに2人はW不倫をしている。愛人とデートをする目的で、国民の貴重な税金から濱田公使に在外手当が支給されているのではない。それから、中国の秘密警察は日本の幹部外交官である濱田公使の動静は詳細に観察している。濱田公使は不倫の露見を恐れているので、これは秘密警察にとって脅しの材料になる。私生活の自由は尊重されるべきだ。

しかし、外交官の場合、公務に悪影響を与えるだらしない私生活については、これを表に出して、国民の注意を喚起する必要がある。濱田公使についても、外務省の査察担当官が、私生活を理由に中国当局から脅されたことがないか調査すべきだ。また不倫相手の女性は通訳なので日本の外交秘密を知りうる立場にいる。いったい外務省の規律はどうなっているのだろうか。

日露首脳会談成功の鍵を握るある外務官僚の「ものすごい能力」

〈'12・9・27〉

対韓国、対ロシアと、ここのところ調子がよくない日本外交であるが、9月8日に行われた日露首脳会談は成功した。

〈野田佳彦首相は8日、アジア太平洋経済協力会議（APEC）首脳会議で訪れているロシア・ウラジオストクでプーチン大統領と会談した。領土問題をめぐり秋に次官級協議を開くことで一致。経済協力を進めるため、首相の次回の訪ロについて、両首脳は「12月をめど」で合意した。／野田首相は「協力を進めるには国民感情への配慮が必要だ」と指摘。7月のメドベージェフ首相による北方領土上陸をふまえ、自制を求めた。そのうえで北方領土問題を解決して平和条約を締結するという日本政府の立場を示し、「双方が受け入れ可能な解決策を見つけるべく首脳、外相、事務次官レベルで議論を進めたい」として秋に次官級協議を開くことを提案した。／これに対し、プーチン大統領は「世論を刺激せず、静かな雰囲気のもとで解決したい」と述べたうえで、次官級協議には同意した。〉（9月8

日・朝日新聞デジタル）

最大の成功は、今年12月をめどに野田佳彦首相の訪露に合意したことだ。これは公式訪問になるので、その際には日露間の合意文書が発表される。この合意文書で、北方領土に関する何らかの新合意がなされる。１９５６年10月の日ソ共同宣言、１９９３年10月の東京宣言、２００１年３月のイルクーツク声明は、いずれも首脳訪問の際に採択されたものだ。日露両国の外交官は首脳会談を成功させなければならない。

首脳会談が成功したか否かの判断は合意文書の内容によってなされる。それだから、首脳会談の日程が決まると、両国の外交官は必死になって双方を満足させることができるような文書の作成に努力する。ここで北方領土で野田首相を満足させるような成果が得られないと、外務省の欧州局長やロシア課長は出世できなくなる。

９月の人事異動で上月豊久欧州局審議官が局長に昇格する。前任の小寺次郎氏が能力に限界があり、やる気もなかったのに比較すると、上月氏の能力が高いことは衆目の評価が一致している。しかも上月氏は昔から「外務省の茶坊主」とか「要領の上月」と言われており、出世のためならば何でもするので、野田首相の訪露に向けて、きっとよい合意文書を作成してくれると筆者は期待している。現在の日本外交には、上月氏のように部下からは蛇蝎の如く嫌われていても（かつて筆者は部下から「上月を殺してやりたいが、どうしたらよいか」という相談を受けたことがある）、狡猾さや悪知恵を含め能力の高い外務官僚を北方領土交渉の責任者に据える必要がある。

上月氏に関しては、赤坂の三味線が上手な芸者さんとの関係について（費用は鈴木宗男氏につけ回した）、以前、筆者は書いたことがあるが、しばらくの間、温かい目で北方領土交渉において成果を出すかどうか見守りたいと思う。

〈'12・10・11〉

外務官僚には決して理解できない「尖閣は国際的な領土問題」という認識

外務省には、学校時代の偏差値は高かったが、事柄の本質を捉えることができない本質的なバカが多い。

外務官僚のトップである河相周夫事務次官（一橋大学卒）、尖閣問題を担当するアジア大洋州局の最高責任者である杉山晋輔局長（早稲田大学卒）は、前外務事務次官の佐々江賢一郎駐米大使（東京大学卒）よりも、高校生時代の偏差値はきっと低かったのであろう。

しかし、外交官としての能力は必ずしも学生時代の偏差値に比例するわけではない。河相次官、杉山局長におかれては、尖閣問題に関して、もう少しまともな外交戦略を構築して頭の良さを形で示して欲しい。

日本政府が尖閣諸島の中の3島（魚釣島、南小島、北小島）を民間の地権者から購入し、国有化したことに対し、中国が激しく反発している。[*17]中国国内での反日デモが暴徒化し、日系企業焼き討ち、スーパーマーケットの襲撃、略奪も起きている。尖閣諸島周辺のわが国領海には、中国の漁業監視船が侵入を繰り返している。客観的に見て、尖閣諸島を日本が平穏に実効支配しているとは言えない。

それにもかかわらず、日本政府は、「尖閣諸島が日本固有の領土であることは歴史的にも国際法上も明らかであり、現に我が国はこれを有効に支配しています。したがって、尖閣諸島をめぐって解決しなければならない領有権の問題はそもそも存在しません」（外務省HP）という立場に自縛され、存在しない領土問題に関して中国と交渉する必要はないという姿勢を取り続けている。日本が領土問題は存在しないと主張しても、中国が「釣魚島及其附属嶼島」（尖閣諸島に対する中国側の呼称）が日本によって不法占拠されていると騒ぎ立てているのだ。国際的には領土問題が存在すると認識されていることが、偏差値秀才の外務官僚にはわからないようだ。

中国が、「釣魚島等は歴史的、国際法的に中国領であるが、日本によって不法占拠されている。日本政府は、1895年の閣議決定で『尖閣諸島は日本に編入された』と主張するが、その閣議決定は官報に掲載されていない。それだから、中国は日本の主張について知らなかった。尖閣併合は、日本帝国主義による台湾併合、その後の中国大陸侵略の序章であった」というプロパガンダ（宣伝）を展開しているのに、日本がそれを黙って聞いていると、国際社会で「中国の主張にも理がある」という雰囲気が醸成されてしまう。

外務省は、尖閣諸島を守る現実的外交政策を構築すべきだ。日本から政治的に高いレベルで「今後、日本は『尖閣諸島をめぐる領土問題は存在しない』という表現はしない。いかなる問題についても、日本は前提をつけずに中国と協議する。尖閣諸島に関する協議の結論が出るまで、中国は自国民の尖閣諸島への上陸並びに領海への入域を差し控えるようにする」というメッセージを中国に送れば、それで新たな合意を得ることができるはずだ。

外務官僚は給料に見合った仕事を真面目にしろ！

北方領土問題の進展に横槍を入れる ロシア課長から筆者への宣戦布告

〈'12・11・8〉

日本外交で、対米外交や対ヨーロッパ外交が「表街道」とすると、対ロシア外交は「裏街道」になる。そのせいか、奇妙な人が外務省のロシア課長になることがある。以前、酔っぱらうと「ぼくちゃんちゃみちぃんです」と幼児言葉で騒ぎながらオムツを換えて欲しいと幼児プレイをするクセがある外務官僚がロシア課長になったことがある。この課長のレイプ疑惑もアサ芸で大きな話題になった。

この9月の人事異動で、宇山秀樹氏がロシア課長に就任したが、再び週刊誌を賑わすような事態になるのではないかと筆者は心配している。それは、最近、こんな出来事があったからだ。10月中旬、クレムリン（露大統領府）の対日政策に影響を与えるロシア要人が訪日した。このとき宇山氏と日本国際問題研究所理事長兼所長の野上義二氏[*18]（元外務事務次官）がこの要人に奇妙な情報を流した。10月18日夜の会食の席で、野上氏がこのロシア人に「私は10年前の鈴木宗男事件について細部までよく知っている」と前置きした上で、

「(01年3月の) イルクーツク日露首脳会談に向けて鈴木宗男は、権限もないのに外務省の枠を越えて勝手なことを行った」と激しく鈴木氏を非難した。宇山氏も「野上所長のおっしゃる通りです」と述べた。

さらに、野上氏は、「佐藤優が逮捕され外務省から排除されたのは、北方領土交渉をめぐる路線の問題ではなく外務省の行政規則に違反する行為をしたからだ」「東郷和彦[*19](元オランダ大使)は、自発的に辞表を書いて外務省をやめた」などと述べ、同席した宇山氏も「野上所長の言う通りです。真実はいま野上さんの述べた通りです」と何度も賛意を示したそうだ。

筆者は、テルアビブで行われた国際学会の経費を支援委員会から支出した事案に関して背任[*20]に問われたが、当時この支援委員会を主管するロシア支援室の首席事務官は宇山氏だった。当時、宇山氏は「いい計画ですね」と言って、この企画を支持した。イスラエルの学者が訪問し、日本人学者や筆者を交えた準備会合に宇山氏も参加した。本件に関し、宇山氏は連帯して責任を負う立場にある。刑事裁判で有罪が確定したが、外務省からは処分されず筆者は自然失職になった。外務省は本件を行政規律への違反と考えたならば筆者を懲戒処分にしたはずだ。

現在、森喜朗元首相が野田佳彦首相の特使としてロシアに派遣される計画が進められているが、外務省の一部勢力がサボタージュをしている。森訪露が実現すると、01年3月のイルクーツク声明を基本にして北方領土交渉が再び動き出す可能性があるからだ。野上氏は日本の対露外交に対して影響を与えない。明日、野上氏が死んでも、日本の国益にマイナスは何もない。ただし、宇山氏は対露交渉に大きな影響を与える責任者だ。宇山氏は、ロシア要人を通じて筆者に宣戦布告のメッセージを伝えて来たと筆者は受け止めている。上等だ。宇山さん、命懸けの勝負をしようじゃないか！

〈'12・11・15〉

対露外交のためにあえて明かそう 某官僚が陥った「売春バー愛」の末路

10月22〜25日、ロシアのパトゥルシェフ安全保障会議書記が訪日し、野田佳彦首相、玄葉光一郎外相らと会見した。この会談の結果、ロシア側は野田首相が年末までもっという判断をした。北方領土交渉を含む日露関係の発展が期待される。

ただし、筆者には不安がある。外交は人だ。ロシアとの交渉にあたる外務官僚が、女性スキャンダルなどで、FSB[21]（露連邦保安庁＝秘密警察）に弱みを握られているときちんとした交渉ができない。特に重要なのは、外務本省のロシア課長だ。仮にロシア課長がロシア女性と深刻なトラブルを起こしているような事実があれば、それは今後の日露関係に影響を与えかねない。

ところで、宇山秀樹ロシア課長が、10月中旬に訪日したロシア要人に対して、筆者を誹謗中傷するような話をした件については、前回連載でお伝えした。筆者の弁護士（代理人）から、宇山氏に釈明を求める通知書を内容証明郵便（10月23日付）で送った。この通知書に対する反応を見た上で、宇山氏に関する「とっておきの話」を披露するかどうか、決めたいと思う。

さて、これから披露する話は、宇山氏の件ではない。また、決して誰かを貶めたり、スキャンダルを暴露することが筆者の意図ではない。日本の対露外交を心配しているので、あえて真実を明らかにする。それと同時にエリート外務官僚の「素顔」を明らかにすることが国民の「知る権利」に奉仕すると考えるからだ。

外務省のエリート官僚には、学生時代の成績はよいのだが、女性に関しては奥手だった人が多い。童貞で外務省に入ってくる人もときどきいる。こういう人がモスクワで一人暮らしをすると、たいていロシア娘とトラブルを起こす。初体験でのぼせ上がってしまい、めくるめく世界に引き込まれて、常軌を逸するというのが典型的なパターンだ。こういう同僚を筆者は現役時代に何人も助けた（宇山ロシア課長を助けたこともある。宇山氏にかれては、記憶をよく整理しておくことだ）。

さて、宇山氏ではないが、ホテルの売春バーで知り合ったロシア娘と結婚し、日本に連れて行った先輩がいる。「うまくいかないだろう」と思っていたが、予想通り破綻した。外交官はロシアでは、外交特権があり、給料もいいので、王侯貴族のような生活をしている。このロシア娘の場合も、日本の外交官と結婚すれば豊かな生活ができると考えていた。しかし、日本に戻ると、外務官僚であっても他の公務員と同じつつましい生活をしなくてはならない。新大久保あたりの築40年の公務員宿舎での生活が始まり、ロシア娘は「こんなはずじゃない。もっと贅沢な生活がしたい」と大暴れした。先輩は、こういうときにこそ日本男児の威厳を示さなくてはならないと考え、妻を思いっきりぶん殴った。当然、ロシア娘は家を出て、モスクワに戻った。これに対して、先輩は規格外の対応をした。

（この項、続く）

外務次官の極秘情報を入手した！森喜朗元首相の訪露に仕掛けられた罠

〈'12・11・22〉

前項から続く外務官僚とロシアの金髪娘との「とっておきの話」は一回休みにする。ロシア絡みでもっと深刻な事態が起きているからだ。

今月末に森喜朗元首相がロシアを訪問し、プーチン露大統領と会談することが決定した。外務省は関係者に「11月15日頃までは黙っていてください」と箝口令をしいているが、当の外務官僚がリークしている。しかも一部外務省幹部は、情報を客観的に流すのではなく、そこに「芥子粉」を入れて、森訪露が失敗するような仕込みを行っている。例えば、11月5日に毎日新聞電子版が、

〈自民党の森喜朗元首相が11月下旬にロシアを訪問し、プーチン大統領と会談する方向で調整していることが5日分かった。政府関係者が明らかにした。12月には野田佳彦首相が訪露し、北方領土問題などを巡って首脳会談を行う予定で、プーチン氏と親交のある森氏が協議の地ならしをする狙いとみられる。／野田政権が森氏に訪露を要請し、時期を探っ

ていた。首相の特使ではなく、私的訪問の形になるという。／森氏は首相時代の01年3月、プーチン大統領との会談で、平和条約締結後に歯舞、色丹2島を引き渡すと定めた1956年の日ソ共同宣言を「基本的な法的文書」と確認するイルクーツク声明に署名した。〉

と報じた。

この記事の「首相の特使ではなく、私的訪問の形になるという」という部分が「芥子粉」だ。森氏は、野田首相の親書を携行する。プーチン大統領を含むロシア側は、当然、森氏を首相特使として受け入れる。しかし、外務省の一部勢力はそれが面白くない。そこで、「森訪露は私的訪問の形になる」という情報をリークし、新聞に掲載させた。当然、東京のロシア大使館とSVR（露対外諜報庁）ステイション（支局）は、クレムリン（露大統領府）にこの報道をロシア語に翻訳して報告する。私的訪問ならば、北方領土問題や尖閣諸島をめぐる日中関係の悪化を念頭においた日露の戦略的提携について森氏がプーチン大統領と踏み込んだ意見交換を行っても「個人的なおしゃべりに過ぎない」ということになる。従って、森訪露は単なる社交行事になってしまう。

複数の新聞記者から「河相周夫外務事務次官が森訪露を邪魔している」という情報が寄せられた。そう言えば、十数年前、北方領土交渉が本格化していたときに筆者は、当時、外務省総合外交政策局総務課長をつとめていた河相氏に呼び出され、「君たちは本気で北方領土問題を解決しようとしているのか。そんなことをするとアメリカとの関係が悪化する」と警告されたことがある。河相氏は、野田首相と玄葉光一郎外相に擦り寄ることで次官ポストを得た霞が関でも有数の民主党系官僚だ。野田首相、玄葉外相も対露関係の改善に熱心だ。河相氏はそのことを熟知した上で、森訪露を邪魔しているのだろうか？　既に河相氏の動きは首相官邸と森氏に伝わっている。さてどういうことになるだろうか？

〈'12・11・29〉

解散総選挙によって激変した外務官僚の「出世すごろく」

前々項からの懸案である外務官僚のオマンコ話を山ほど書こうと思っていたが、政局の動きがあったのでそれについて記す。

11月14日午後の党首討論で野田佳彦首相は、〈自民党が衆院の小選挙区「一票の格差」是正と定数削減を確約すれば「16日の（衆院）解散をぜひやりとげたい」と明言した。〉（同日・MSN産経ニュース）。民主党内部には、現時点で解散すると惨敗するので、野田氏を首相の座から引きずり下ろそうとする動きが本格化してくる。しかし、そんなことをすれば民主党は一層、国民から顰蹙を買い、壊滅的打撃を受けるだけだ。年内解散総選挙に向けて政局が大きく動き出すことになる。

この状況で、複雑な気持ちになっているのが外務省の河相周夫事務次官だ。河相氏が危惧していた、野田首相の訪露はなくなった。河相氏が野田首相の訪露とその準備のために不可欠の森喜朗元首相の訪露を妨害していたことは公然の秘密だ。森訪露、野田訪露が成功し、北方領土交渉が動き始め、対中国牽制網の形成に成功すれば、政務担当外務審議官の[*22]斎木昭隆氏と欧州局長の上月豊久氏が手柄をとる。特に斎木審議官が成果を出すことが河相次官には面白くない。

率直に言って、語学力、識見、人間的誠実さのすべてにおいて、河相氏は斎木氏と比較して格段に劣る。もっとも河相氏の方が長けている才能もある。義理を欠き、人情を欠き、さらに平気で恥をかくことができるという類い稀な性格を河相氏は持っている。財務省ではこういう「三カク官僚」は淘汰されるのであるが、外務省は少し文化が異なるので、人事の巡り合わせで、河相氏のような人物が事務方のトップになることがある。

河相氏は、野田首相、玄葉光一郎外相に「是非尻を拭かせてください。お許しいただけるならば陰嚢（キンブクロ）も洗わせてください」というようなアプローチをして、内閣官房副長官補から外務事務次官への異例の出世をした。以前、谷内正太郎氏が官房副長官補から外務事務次官に就任した例があるが、谷内氏は、能力、責任感、度胸ともに霞が関でもピカ一の官僚だった。「三カク官僚」の河相氏とは、月とすっぽん、釣り鐘と提灯のような関係にすぎない。

河相氏は、最近、精力的に有力週刊誌の編集幹部と飲み食いしている（きっと機密費を使っているのだろう）。河相氏に関するスキャンダルがないかチェックするとともに、省内で追い上げてくる可能性のある斎木審議官に対するネガティブ情報を流そうとしているのであろう。もっともそのような小細工をしても、その内容は直ちに筆者のもとにも伝わってくる。下手くそな週刊誌工作が命取りになることに河相氏は気づいていないようだ。自民党が再び権力を取れば、民主党の色がついた官僚はパージされる。河相氏がよほど巧みに安倍晋三自民党総裁に擦り寄ることに成功しなければ、河相氏は来年（２０１３年）8月に在英国日本大使に栄転すると筆者は見ている。

ＤＶが理由で逃げたロシア妻を外交旅券で追った外務官僚

〈'12・12・6〉

　さて、１５３ページで中断していた、売春バーで知り合ったロシア娘と結婚した外務省キャリア官僚の話の続きだ。日本に帰り、新大久保（東京都新宿区）の公務員住宅での質素な暮らしに耐えられなくなったロシア娘は「もっと贅沢な暮らしをしたい」と夫に文句を言った。夫の外務官僚は、劇画「巨人の星」[*23]の主人公・星飛雄馬の父・一徹のようにバランス感覚が極度に欠けた正義漢だ。「稼ぎのない女の分際で、贅沢とは何だ！」と妻を思いっきりぶん殴った。現在ならばＤＶで警察沙汰になるが、１９９０年代初頭の出来事なので、妻は警察沙汰にせず、飛行機に飛び乗り、モスクワに戻ってきた。

　その年の年末のことだ。突然、キャリア官僚から筆者のモスクワのアパートに電話があった。他の大使館員には秘密で、筆者に会いたいという。かなり切羽詰まった様子なので、面会に応じることにした。もっとも筆者も小役人なので、保険をかけることにして、上司の政務担当公使に事情を話した。政務担当公使は顔をしかめて、「面倒な事態に巻き込まれそうだね」と言った。

筆者は自宅にキャリア官僚を招き、事情を詳しく聞いた。基本はつまらない痴話喧嘩だが、途中でこのキャリア官僚がとんでもない規律違反を犯していることに気づいた。

佐藤「ところで、外務省にはどう言って休みを取ったのですか」

先輩「年休をとった。何をするか、どこに行くかについては特に言っていない」

佐藤「それじゃモスクワには一般旅券と観光ビザを取ってきたのですか」

先輩「違う。外交旅券で来た」

外交官は、こげ茶色の表紙の外交旅券という特別のパスポートを持っている。このパスポートだと税関検査がないし、入国管理官も最優先で丁寧に対応してくれる。当時、モスクワの国際空港はシェレメチェボ第2空港だけだった。ここは下手をすると入国審査で2時間、税関検査で3時間くらいかかる。外交旅券を持っていれば30分で抜けられる（ちなみに内閣総理大臣経験者は終身外交旅券を発給される）。しかし、外交旅券は公務出張でしか用いることができない。外務官僚でも公務以外で海外旅行をする場合は一般旅券を使うことになっている。また、外交旅券でビザを取るときは外務省が発行する口上書という公文書が必要となる。

佐藤「口上書はどうしたのですか」
先輩「自分で作って、狸穴（東京のロシア大使館）に持って行った」
佐藤「公文書偽造になりますよ。これはヤバイ！」
先輩「ヤバイことはわかっている。それだから善後策を君に相談しているんじゃないか」
こんなことを相談されても困る。しかし、先輩は逃げた女房を取り返すんだと目が血走っている。政務担当公使は、絵に描いたようなエリート官僚なので、逃げるに決まっている。そこで筆者は、ちょっと変わった上司に相談することにした。（この項、続く）

〈'12・12・13〉

「童貞のまま外務省入省は危険よ」オネエ言葉の大使館幹部の忠告

外務省は人材豊富な役所だ。一昔前、「自殺の大蔵、汚職の通産、不倫の外務」と言われたが、外務省は異性関係に相当だらしなくてもお咎めなしというのが伝統だ。ただし、共産圏に勤務する外交官に関しては、ハニートラップ（魅力的な女性を用いた工作）に注意しなくてはならないので、そうハメを外すことはできなかった。しかし、時には規格外の人材がいる。それがこのちょっと変わった上司だ。

日本の外務省研修生は、モスクワ国立大学でロシア語を研修する。ところが、2年間ほど研修が中断したことがある。このちょっと変わった上司が、大学の寮にロシアの金髪娘を連れ込み、ハレンチなパーティーを毎晩行っていた。そのうちロシア娘を孕ませた。KGB（ソ連国家保安委員会＝秘密警察）は、そのネタでこの研修生を脅そうとしたが、「ロシアのきれいな金髪娘を見れば、ヤリたくなるのが日本男児として普通の感覚だ。子宮に精液を流し込めば、子どもができることくらいあるだろう」と開き直った。通常、女性スキャンダルで脅されると、エリート外交官はビビリあがるのだが、この研修生は、まったく動じなかったので、KGBとしても打つ手がなくなったのである。そこでソ連外務省は、「社会秩序を紊乱する日本の外務省研修生を受け入れることはできない」とモスクワ国立大学への外務省研修生の受け入れを一時中止したのだ。

通常、ロシア娘とトラブルを起こした外交官は、対ロシア外交から外されるのであるが、この人の場合、なぜか主流派に残った。「KGBの脅しにも一切動じないので頼もしい」と評価されたのであろう。筆者がモスクワに勤務していたときには、総括担当公使をつとめていた。外交官の位は、エライ順に大使、公使、参事官、一等書記官、二等書記官、三等書記官、外交官補（アタッシェ）となる。公使は大使に次ぐポストだが、ワシントン、北京、モスクワなどの大きな大使館だと4～5人公使がいる。政務担当、経済担当などの公使と違い、総括担当公使は、ありとあらゆる裏仕事に従事する。当時、モスクワの日本大使館には、闇ルーブルを運営し、不正蓄財を行う「ルーブル委員会」[*24]という裏組織があったが、その元締めも総括担当公使がつとめていた。

筆者はこの総括担当公使に、逃げたロシア人妻を追いかけ、外交文書を偽造し、モスクワにやってきた先輩の話をした。すると公使は、「まああたいへんね。佐藤ちゃん、あの人は学生時代に遊ばないで童貞のまま外務省に入ってしまったから、女狂いをおこしちゃったのね。僕がきちんと説得しておくわ」と答えた。この公使は、興奮するとオネエ言葉で話す癖がある。「まあたいへんね」とは言っているが、スキャンダルが起きたことをこの公使は明らかに楽しんでいる。楽しみながら、トラブルの軟着陸を考えているようだ。公使は「佐藤ちゃんの助けが必要よ」と言ってこう続けた。

（この項、続く）

ロシア課長の追及をかわせ！ 女不祥事を揉み消す外務省式技術

〈'12・12・20〉

オネエ言葉で話す総括担当公使は、筆者の目を見て、「ねえ佐藤ちゃん。あの子（逃げたロシア人女房を追って、公文書を偽造し、モスクワにインチキ出張してきたキャリア外務官僚）は、佐藤ちゃんのことだけを信頼していると思うの。だから、冷たい対応をしたらダメよ。この件は大スキャンダルに発展するかもしれない。そうなると僕たちの責任問題になるのよ」

「それはわかります。それならば、今回の経緯について、事務連絡電で本省に報告しておいた方がいいのではないでしょうか」

外務省で、本省との連絡は基本的に公電と呼ばれる公用電報で行われる。これに対して、事務連絡電とは、細かい事務的な連絡や公電に残るとマズイ話（例えば、大使館員が飲酒運転で事故を起こしたなどの不祥事）、首脳会談の記録を作成したのだけれど、推敲がよくできていない公電の下書きを大至急外務本省に送る必要がある場合に使われる。事務連絡電にも秘密、極秘の暗号をかけることができる。

「だめだめ。そんなことをしたら。人事課の連中は陰険だから、それであの子を外しちゃうわよ」

「ロシア課だけに届くようにすればいいじゃないですか」

「今のロシア課長（小町恭士氏、現在は宮内庁東宮職の東宮大夫）[*25]は蛇のような性格だから、きっと陰険なことを仕掛けてくるわよ。あの子だけじゃ済まなくて、僕や佐藤ちゃんもほんとうのことを知っちゃったんで連座するわよ。他人事じゃないわ。自分の身は自分で守らないと」

どうも公使は、俠気を発揮して女狂いした部下を守ろうとしているだけではない。小町ロシア課長と公使はソリがあわないようで、この不祥事で自分にペナルティーが来ないようにすることを第一に考えている。外務本省につとめているときに、この公使はアルバイトの女性をよく「食べて」いた（ただし、米国の松田邦紀在デトロイト総領事[*26]のような赤ちゃん言葉でしゃべり、おしめプレイを要求するような癖はない）。それでもスキャンダルにならなかったのは、外務省の組織や同僚を信用せずに「自分の身は自分で守る」という哲学を持っていたからだ。

「公使、それで私は何をすればよいのですか」

「女をおびき寄せるの」

「どうやってですか。相手は夫に会えば殴られると怯えています」

「そこは佐藤ちゃん、頭を使うのよ。佐藤ちゃんはその女の連絡先を知っている？」

「以前に先輩から書類や物を渡してくれと頼まれたときに連絡したことがあります。自宅には電話がないということで、友人の電話番号を教えてくれました」

「まあ！　自宅に電話がない売春婦なんてありえないわよ。きっとそこには男がいるか、客を取っているんで、教えないんだわ。それだから、佐藤ちゃん、あいつみたく童貞で外務省に入っちゃうとあとで困るのよ。後輩の筆おろしまで面倒を見なくてはならないなんて、ほんとうにたいへんな時代になったわね」と公使は言った。（この項、続く）

〈'12・12・27〉

ロシア娘をビビらせた言葉「ファシスト・サムライ」の意味とは

オネエ言葉を話す総括担当公使の戦略は以下の通りだ。

「佐藤ちゃん、あの女が旦那から離れない理由はカネよ。きっと夫婦で使えるクレジットカードを持っていると思うの。夫が外国人だと普通のロシア人が使えないドルショップにも入れる。そこを衝けば、女をおびき出すことができるわ」

「具体的にどうすればいいのですか」

「そんなこともわからないの！」

公使の声が半オクターブ高くなった。

「佐藤ちゃんも、学生時代は真面目一本だったんでしょう。そういう童貞で外務省に入ってくる人は面倒なんだから」

「僕は童貞ではありませんでした」

「ならばいいわ。神学部なんか出ているから、ちょっと融通が利かないんじゃないかと思って気になったんで大きな声を出したけれど、ごめんなさいね」

「気にしていません。それよりも、女をおびき寄せるために僕が何をしたらよいかについて教えてください」

「女が指定した連絡先に佐藤ちゃんが電話をするの。そして、連絡係が出てきたら『彼女の夫がモスクワにやってきて妻を力ずくで連れ去ろうとしている。このままだと刃傷沙汰になるかもしれない』とせっぱ詰まった声で伝えるの。『実は、夫は空手をやっている。それからマフィアの友人がいるらしい』とも深刻そうに伝えておいた方がいい」

「そんなこと言ったら、相手が逃げてしまうんじゃないでしょうか」

「そんなことはないわ。まあよく聞いて。『夫ときちんと手続きをしないと、離婚できないわよ。日本人はサムライだから怖いわよ』と伝えておくといいわ」

ソ連時代、「ファシスト・サムライ」という言葉があった。中国で乱暴狼藉を働いた日本軍人という意味だ。外務省の先輩がトラブルを起こした頃は、「ファシスト・サムライ」という言葉が威嚇効果をもっていた。公使は、「僕が言ったとおりにすれば、女は24時間以内に佐藤ちゃんに連絡してくるわよ。それから……」と、筆者に特別の「知恵」をつけてくれた。

筆者が連絡係に電話をした翌晩、女から電話がかかってきた。「日本では楽をさせてやると言ったにもかかわらず、狭い家に閉じ込められて、外出も一々夫の許可を得なくてはならない。夫は毎日、深夜1時過ぎに帰ってくる。私を愛しているならば、少なくとも週3回は午後7時に帰ってこれるはずだ。きっとどこかで女と遊んでいるに違いない。『ほんとうは何をしているのか』と詰問すると殴る」と相手は泣きながら説明していた。

ロシア娘は、外交特権を持ち、運転手とメイドがいる日本大使館員の生活を見て、日本でもこの水準の生活が続くと考えて結婚した。これが第一の大きな間違いだ。日本に戻れば、外交官も公務員の一人としてささやかに暮らすことを余儀なくされる。さらに理解できないのは霞が関の長時間勤務だ。ロシア娘にもそれなりの言い分がある。

（この項、続く）

〈'13・1・3〉

自民党圧勝で即座に始まった外務次官の「生き残り」工作

外務省のヘンタイ官僚とロシア娘の話は今回は休む。12月16日に行われた総選挙（衆議院議員選挙）の結果に外務官僚がどう反応するかについて筆者の見立てを記したい。

今回の総選挙で、自民党が294議席、公明党が31議席を獲得した。衆議院で与党は325議席を持っているということは、参議院で法案が否決されても衆議院で250以上の賛成で再可決できるということを意味する。当面、自民党の時代がやってくる。

外務官僚の信条は、「強気を助け、弱きを挫く」「長いものには巻かれろ」だ。それは、かつて鈴木宗男氏に擦り寄った外務官僚たちが、10年半前の宗男バッシングのときにどういう態度を取ったかで実証されている。義理を欠き、人情を欠き、その上、平気で恥をかくというような「三カク官僚」が外務省にはうようよいる。

その筆頭が、河相周夫外務事務次官だ。当時の野田佳彦首相と玄葉光一郎外相に対して「糞のついた尻を拭かせてください。よろしかったらキンプクロ（陰嚢）も私が洗います」というような「三カク官僚」の本領を発揮した結果、河相氏は外務事務次官の栄冠を勝ち得た。

外務省の名誉のために強調しておきたいが、河相次官のような「三カク」官僚が外務省の主流ではない。谷内正太郎元事務次官、藪中三十二元事務次官、[*27]現役でも木寺昌人中国[*28]大使や外務本省では、次官に次ぐ斎木昭隆（政務担当）外務審議官らは、政治家に阿《おもね》ることをせずに、実力で幹部になった人たちである。

筆者の見立てでは、河相次官がもっとも恐れているのが谷内氏だ。それは谷内氏が安倍晋三首相の信任が厚いからだ。複数の信頼できる筋から筆者に入ってきた情報によると、谷内氏が、安倍首相に「河相次官は力不足です。来年、夏の人事で駐英大使に栄転させ、斎木審議官を次官に昇格させることが国益に適います」とアドバイスすることを河相氏は恐れているようだ。

河相次官としては、故中川昭一氏[*29]に「昭ちゃん」と呼びかけることができるほど親しい関係だったことを安倍首相にアピールし、生き残りを図るであろう。それと同時に、麻生太郎元首相[*30]の覚えを目出度くするために、河相氏は、マンガ好きであることを装うであろう。麻生氏に影響を与えるためには、『ゴルゴ13』の最新の情報を得なくてはならない。

もっとも『ゴルゴ13』が連載されている『ビッグコミック』には佐藤優原作、長崎尚志脚本、伊藤潤二作画の『憂国のラスプーチン』[*31]も連載されている。そこに鈴木宗男氏をモデルにした都築峰雄議員が出てくるので、河相次官はキンタマを縮み上がらせるであろう。

いずれにせよ、近未来に尖閣諸島周辺で日中の武力衝突すら起きかねない状況で、河相次官のような無能な人物が外務省事務方のトップに居座っていることは国益に反する。河相氏自身の幸せのためにも、大きな失敗が露見する前に異動し、安楽な余生を送るべく転身を図る方がいいと思う。

外交官の仕事とロシア妻との性生活を両立させることは可能なのか否か

〈'13・1・17〉

169ページにて再び中断となった外務官僚とロシア娘の話に戻る。

どうも先輩は、ロシア娘を束縛しすぎたようだ。ロシア娘からすれば、日本人外交官は多少カネを持っていて、社会的にも尊敬されているようだが、常に上から目線で、セックスは早漏かつ独り善がり、その上、平気で暴力を振るう。そういう男のところから逃げたくなるのは当然のことだ。筆者はこのロシア娘が可哀想になってきた。そこでこう言った。

「僕はあなたの味方だよ。離婚の手伝いをしてやる。そもそもあなたにはモスクワにロシア人の男がいるだろう。日本には出稼ぎくらいのつもりで出かけたんじゃないのか」

ロシア娘は「男がいたらいけないのか」と泣き声で答えた。

筆者は「いけないとは言っていないよ。しかし、あんたの日本人夫は、童貞だったから、女はあんた一人と決めている。男がいるなんていう話が聞こえたら、殺しに来るかもしれないぜ。あんただって殺されたくはないだろう」と言った。

ロシア娘は、「私は殺されるような悪いことはしていない。確かにあの人から経済的な支援は受けたけれど、それに見合うだけの奉仕はしたわ。それに殴られもした。もう沢山」と応えた。筆者は、「それじゃ、もう一回、日本人夫と会って、離婚届にサインをして相手に渡しておけばいい。正式の離婚をしていないと、モスクワの恋人と一生、正式に結婚できないよ。あいつには、『あなたとやりなおしたい』。しかし、ホームシックになったから、リトアニアの実家に帰って少し心を休めたい』といえば、時間稼ぎはできる。その間、家族名義のクレジットカードも使えるよ。連絡を断てば、相手もあきらめるから。こういう説得がうまい上司が大使館にいるので、何とかなると思う」と私は応えた。

結局、オネエ言葉で話す公使が、自分の若い頃からのロシア娘との経験などを話し、大和男子のセックスでは、ロシア娘を満足させることはできず、外交官の仕事と性生活を両立させることは不可能であるという説得をし、先輩もその説得に納得し、とりあえず相手から離婚届に署名をとった。自分は署名せず、「君が1日も早く東京に戻ってくることを待っている。君のことを心から愛している」と妻に伝えて帰国した。

有印公文書を偽造したこの先輩のモスクワ出張の話は、闇から闇に葬り去られた。その後、もちろんこのロシア娘は日本に戻らず、無事、離婚が成立した。オネエ言葉で話す公使は、「佐藤ちゃん、ほんとうによかったわね。でも童貞で外務省に入ってくる子はほんとうに困るわ。外務省研修所で筆おろしくらい、きちんと指導してくれないと、後で私たちが困るから」と言っていたが、そのとおりと思う。

外務省のトラブルの相当部分がＤＴ（童貞）問題であるのは確かだ。そこで今年4月から、徳間書店の月刊誌『読楽』に『外務省ＤＴ（童貞）物語』という連載を現在計画している（２０１４年1月、小社より『元外務省主任分析官・佐田勇の告白　小説・北方領土交渉』と改題し、書籍化）。外務省の宇山秀樹ロシア課長の若き日の武勇伝についても、もしかするとそこで披露するかもしれない。

（この項、終わり）

〈'13・1・31〉

訪米しても首脳会談日程取れず
外務次官の大失態を糾す！

日本外交は大丈夫だろうか？　河相周夫外務事務次官の動向を見ていると、日本が沈没するのではないかと不安になってくる。

去年12月16日、衆議院議員選挙（総選挙）で自民党が圧勝した2日後の18日に米国のオバマ大統領が安倍晋三自民党総裁に祝意を伝える電話をかけてきた。

〈大統領選後、自らも多忙な時期に接触してきたのは「安倍氏への期待感」（外務省筋）の反映とみられる。／「日米同盟の強化を行いながら、中国との関係を考えていく必要がある」／安倍氏は会談でこう指摘した。大国化した中国とどう向き合うかは、沖縄県・尖閣諸島をめぐり緊張状態が続く日本だけでなく、米国にとっても21世紀の最大のテーマの一つだ。／1月にも行われる日米首脳会談で、安倍氏は民主党政権下で弱体化した日米同盟の修復を図るとともに、これからの世界で中国をどう位置づけるか協議する。〉（2012年12月18日・MSN産経ニュース）

この電話会談後、安倍氏は記者団に「1月の時点で日米首脳会談ができるよう調整している」（2012年12月18日・朝日新聞デジタル）と述べた。外務省とまったく相談せずに、安倍氏がこのような発言をすることは考えられない。もっとも一部の外務省幹部は、「1月はオバマ政権も第二期に入るための人事異動であわただしくしているので、この時期の安倍訪米は難しいのではないか」という情報を一部の記者にリークしていた。しかし、外務省が総力をあげれば、日米首脳会談の日程を1月下旬には取り付けることができるだろうと事態を甘く見ていた。それだから、外務官僚のトップである河相次官がワシントンを訪問したのである。

日本外交の通例では、諸外国を訪問し外交交渉を行うのは、政治案件ならば政務担当外務審議官（次官に次ぐ外務官僚のナンバー・ツー）だ。次官が外国を訪問するのは、外務事務当局にとって最重要の外交案件を処理するときだ。1月7日、河相氏はホワイトハウスや国務省の高官と会談したが、1月下旬に予定されていた安倍晋三首相とオバマ米大統領の会談日程を取り付けることができなかった。

〈河相氏によると、米側は日米首脳会談に関し、二十一日に行われるオバマ大統領の第二期目の就任式などを理由に「一月中の日程は厳しい」と述べた。同時に「できるだけ早い時期に実施したい」との意向も示したという。〉（1月8日・東京新聞夕刊）

外交の世界で、「できるだけ早い時期」というのは、「そのうちお会いしましょう」という社交辞令に過ぎない。「日程は厳しい」という意味を、わかりやすく解説すれば、「日本の首相と会談することは、オバマ大統領にとってそれほど優先度の高い事項ではない」という意味だ。この結果を中国は「安倍政権は対米関係の改善に前のめりだが、オバマ政権は日本をそれほど重視していないことが、河相訪米で可視化された」と受け止める。河相氏のような無能な人物は一刻も早く更迭すべきだ。

＊1　前原誠司（1962〜）
京都府選出の衆議院議員。日本新党、民主の風、新党さきがけを経て民主党。鳩山内閣で特命担当大臣、国土交通大臣、菅内閣で外務大臣、野田内閣で特命担当大臣を歴任。

＊2　丹波實（1938〜）
元外交官。在モスクワ日本大使館公使、ボストン総領事、北米局審議官、国際連合局長、外務審議官、ロシア大使等を歴任。97年の橋本龍太郎首相とボリス・エリツィン大統領によるクラスノヤルスク会談の会談内容を朝日新聞に漏洩したことが発覚。回顧録『わが外交人生』に関しても、記述の真偽を問う質問主意書が浅野貴博議員（当時）によって国会に提出された。

＊3　河相周夫（1952〜）
在米日本大使館参事官、外務大臣秘書官、駐米特命全権公使、内閣官房副長官補を経て、2012年9月より外務事務次官。

＊4　谷内正太郎（1944〜）
在米日本大使館参事官、外務省条約局長、内閣官房副長官補、外務事務次官、外務省顧問等を歴任。2012年12月から内閣官房参与。

＊5　岡野正敬
国際法局国際法課長、欧州局ロシア課長等を経て、総合外交政策局総務課長。

＊6　上月豊久（1956〜）
在ロシア日本大使館参事官、欧州局ロシア課長、在ロシア大使館公使、欧州局審議官、在ボストン総領事、大臣官房審議官兼欧州局審議官、欧州局長を経て外務省官房長。

＊7　日ソ共同宣言
1956年10月、日本の鳩山一郎首相と旧ソ連のブルガーニン首相がモスクワで署名。日ソ間の国交が回復した。文書には「歯舞諸島および色丹島を日本に引き渡すことに同意する」と記されたが、平和条約締結には至らなかった。

＊8　ウイーン条約
外交関係に関するウイーン条約は1961年締結。外交関係に関する基本的な多国間条約で、外交特権等について規定する。

＊9　小寺次郎（1953〜）
在ソ連日本大使館一等書記官、欧亜局ロシア課長、欧州局参事官、国連日本政府代表大使、国際情報統括官、欧州局長等を経て、駐サウジアラビア特命全権大使。

＊10　藤崎一郎（1947〜）
OECD代表部一等書記官、情報調査局分析課長、在米日本大使館公使、北米局長、外務審議官、在米特命全権大使等を歴任。

＊11　佐々江賢一郎（1951〜）
経済局長、アジア大洋州局長、外務審議官等を経て、駐米特命全権大使。

＊12　丹羽宇一郎（１９３９～）
伊藤忠商事株式会社取締役社長、同会長、日本郵政株式会社取締役、ＷＦＰ協会会長等を経て、駐中国特命全権大使。２０１２年12月退官。

＊13　柳井俊二（１９３７～）
条約局長、総合外交政策局長、外務事務次官、サンフランシスコ総領事、駐米日本大使等を歴任、国際海洋法裁判所裁判長に選出された。

＊14　松尾克俊（１９４５～）
在米日本大使館一等書記官、大臣官房総務課要人外国訪問支援室長等を経て、外務省から業務上横領容疑で告発。詐欺罪で逮捕され、懲役7年6月の実刑判決。

＊15　原田親仁（１９５１～）
欧亜局ロシア課長、大臣官房外務参事官、審議官、駐中国公使、欧州局長、駐チェコ大使、駐ロシア大使を歴任。佐藤優氏は原田氏を、闇ルーブルを扱う「ルーブル委員会」の責任者と指摘。鈴木宗男氏から国会に向けて質問主意書も提出された。

＊16　闇ルーブル
ＫＧＢが外貨を入手するために西側諸国で調達していたとされる裏のルーブル。複雑な経路を通ってモスクワに還流されていた。

＊17　中国が激しく反発～
香港の活動家が尖閣諸島に上陸し日本の官憲に逮捕され、さらに日本政府によって尖閣

諸島が国有化されたことで、反日デモが起こり、日系企業や商店への襲撃、略奪行為、さらには日本車に乗った中国人も標的にされた。一部では私服警察官や中国共産党員によってデモが煽動されたと報じられている。

*18 野上義二（1942〜）
外務省経済局長、外務審議官、外務事務次官、駐英大使等を歴任。小泉政権時代の外務省を巡る醜聞に関して、田中外相と共に更迭された。

*19 東郷和彦（1945〜）
欧亜局ソ連邦課長、在米日本大使館総括公使、在ロシア大使館次席公使、欧亜局審議官、条約局長、欧亜局長、在オランダ全権大使等を歴任。京都産業大学法学部教授。第二次大戦終結時の外相・東郷茂徳は祖父。

*20 背任に問われた〜
国際学会への派遣費用等を外務省の関連団体である「支援委員会」に不正支出させたとして元主任分析官である佐藤優氏が背任の罪に問われた。控訴審で東郷和彦氏が弁護側証人として出廷、不正支出について「外務省が組織として行ったこと、佐藤氏に責任はない」と証言したが、控訴棄却。最高裁でも上告棄却という不可解な判決となる。

*21 FSB
ロシア連邦の防諜、犯罪対策を行う治安機関。諜報活動も行う。

＊22　斎木昭隆（1952〜）
北米局北米第一課首席事務官、小渕外相秘書官、経済局外務参事官、アジア大洋州局長、駐インド特命全権大使等を経て、外務審議官。

＊23　巨人の星
原作・梶原一騎、作画・川崎のぼるによるスポーツ根性漫画。巨人軍の元三塁手だった父・一徹によって野球の英才教育を受けた主人公・星飛雄馬が巨人軍入団、ライバルたちとの壮絶な対決を繰り広げていく模様を描く。週刊少年マガジン連載。テレビアニメ化も。

＊24　ルーブル委員会
在ソ連日本大使館に存在したとされる、闇レートで現地通貨ルーブルを販売する裏金組織。一説には当時250円のレートであったルーブルを100円で売っていた。本来は銀行や公認の交換所で換えなければ法律違反。

＊25　小町恭士（1946〜）
欧亜局ソビエト課長、在ロシア日本大使館公使、欧州局長、駐オランダ大使、駐タイ特命全権大使などを歴任。2011年7月、東宮大夫に。

＊26　松田邦紀
欧州局ロシア課長、在デトロイト総領事等を務める。報償費を悪用し、交際中の女性職員に着物を買ったり、外務省近くにマンションを所有、仕事のない日でもそこで酒を飲

み、タクシー券の出る時間に省内に戻り超過手当を懐に収めるなど私腹を肥やす。鈴木宗男氏の叱責を受け、悪事を自白する手紙を書いたこともある。2015年1月現在、人事院国家公務員研修所副所長。

＊27 藪中三十二（1948〜）
大臣官房総務課長、アジア大洋州局長、外務審議官、外務事務次官等を歴任。退職後、外務省顧問。立命館大学国際関係学部特別招聘教授。

＊28 木寺昌人（1952〜）
大臣官房審議官、国際協力局長、内閣官房副長官補等を経て、駐中国特命全権大使。

＊29 中川昭一（1953〜2009）
北海道選出の元衆議院議員。父親は自民党の元農林水産大臣・中川一郎。小渕内閣で農水相、小泉内閣で経済産業大臣・農水相、麻生内閣で財務大臣。ローマで開催されたG7財務大臣・中央銀行総裁会議後の酩酊状態で記者会見に臨み失職。都内の自宅2階寝室で急死。

＊30 麻生太郎（1940〜）
小泉内閣で総務大臣、外務大臣、安倍内閣でも外相、第92代内閣総理大臣、第2次安倍政権で財務大臣・金融担当大臣。

＊31 憂国のラスプーチン
原作・佐藤優、作画・伊藤潤二、脚本・長崎尚志、成年コミック誌ビッグコミック連載。

北方領土返還に尽力しながら国策捜査の名の下、逮捕された佐藤優氏の来歴を漫画化した衝撃作。現在、コミックス全6巻が発売中。

第4章　沖縄と向き合うために

「基地移設問題」を軽々しく語る沖縄を知らない外相の知的基礎体力

〈'11・9・22〉

玄葉光一郎外相が近く普天間問題で沖縄と深刻なトラブルを引き起こすことになると筆者は見ている。2011年9月5日行われた玄葉外相のインタビューに関する記事を読むと玄葉外相の政治的、知的基礎体力がいかに弱いかがわかる。

〈玄葉光一郎外相は5日、朝日新聞などのインタビューに応じ、米軍普天間飛行場の移設問題について「日米合意に基づいて進めていく」と述べ、現行の辺野古移設案を推進する考えを表明した。そのうえで「沖縄の負担軽減は大事なので、踏まれても蹴られても誠心誠意、沖縄の皆さんに向き合っていく」と話した。〉（9月6日・asahi.com）[*1]

まず、玄葉外相が向き合う対象は、「沖縄の皆さん」ではない。普天間問題を沖縄と対峙しながら行うという玄葉外相の基本認識が間違っている。米海兵隊普天間飛行場の移設は、沖縄における米軍基地の負担軽減が目的だ。沖縄と東京の中央政府が統一見解をまとめて、米国政府と交渉するというのが筋だ。それがいつの間にか、東京の中央政府と米国政府がまとめあげた普天間飛行場の辺野古（沖縄県名護市）への移設というシナリオを、沖縄に押し付けるという形態の交渉になっている。

玄葉外相は、辺野古移設は2010年5月28日の日米合意と閣議決定で既に決まったことなのだから、あとは政治的決断力を毅然と発揮して実行するのみと考えているかもしれない。それは大きな間違いだ。5月28日の決定は、中央政局の混乱から生じた「紙切れの決定」に過ぎず、実現は不可能だ。仮に辺野古移設を中央政府が強行することになれば、沖縄で保革を超えた「島ぐるみ闘争」が展開される。そして、嘉手納基地を含むすべての米軍基地は出て行けという要求が沖縄から突きつけられる。それだけではない。沖縄が日本から分離するという機運すら醸成されかねない。

玄葉外相は、「踏まれても蹴られても誠心誠意、沖縄の皆さんに向き合っていく」と述べる。ここで玄葉外相は、「踏まれ蹴られる」側に自分を置いている。いったい誰が玄葉外相を「踏み蹴る」と想定しているのだろうか。当然この文脈からは沖縄側ということになる。「踏み蹴る」側は加害者で、「踏まれ蹴られる」側は被害者だ。もっとも外務官僚は普天間問題に関して公言しないものの、「沖縄のわがままには付き合いきれない。勘弁してくれ。俺たちは被害者だ」という認識を抱いている。

玄葉さんよ！　チンピラ外務官僚から普天間問題に関して30分くらいのブリーフ（説明）を受けたくらいで、沖縄を理解したつもりになってもらっては困る。味噌汁で顔をよく洗って、自分の考えのどこが間違えているか、外務大臣室に備え付けてあるメモ用紙に書き出してみることだ。外務官僚に踊らされ、辺野古移設を強行しようとすると、「沖縄で内乱を引き起こし、日本の国家統合を破壊した玄葉光一郎」という汚名を歴史に残すことになる。

〈11・10・6〉

沖縄の民主主義はなぜ軽視されるのか
基地反対の民意を今こそ尊重せよ！

9月19日、米国の首都ワシントンで、日米の有識者が安保政策や沖縄の基地問題について議論するシンポジウム「沖縄クエスチョン」[*2]が行われた。このシンポジウムに出席した沖縄県の仲井真弘多[*3]知事が警鐘を鳴らした。

〈仲井真弘多県知事は同日正午ごろ（日本時間20日未明）に講演し、米軍普天間飛行場を名護市辺野古に移設するとした日米合意の見直しを訴えた。仲井真知事が米国で県外移設を訴えるのは初めて。／仲井真知事は、県外移設を強く求める県民の世論を挙げ「日本国内の他の都道府県への移設が合理的で、早期に課題を解決できる。普天間飛行場の辺野古移設は見直すべきだ」と強調した。〉(9月20日・琉球新報電子版)

仲井真知事は保守系で、一時期、米海兵隊普天間飛行場の辺野古移設を容認する立場をとったことがある。なぜ仲井真知事は辺野古移設が不可能になったと考えるのだろうか。

琉球新報記事の続きを見てみよう。

〈2009年9月の政権交代後、普天間飛行場の県外・国外移設を検討した日本政府が、10年5月に地元の同意がないまま名護市辺野古への移設計画に戻って日米間で合意したことについて、「むしろ県外移設を求める声が強くなった」と説明。／その上で、日米両政府が辺野古移設を強引に進めた場合、「全県的な激しい基地反対運動につながりかねない」と述べ、日米同盟を揺るがす恐れがあると警鐘を鳴らした。／移設作業が進展しない中、日本政府が示唆している「普天間の固定化」については、住居や学校が密集する同飛行場の危険性を説明した上で「あり得ない」と明確に否定し、早期移設、返還が不可欠との考えを示した。〉(同右)

東京の政治エリート(国会議員、官僚)は、普天間問題を安全保障の枠組みで考える。

これに対して沖縄人は普天間問題を差別の象徴としてとらえる。なぜ民主党への政権交代後、沖縄で「むしろ県外移設を求める声が強くなった」かということも、差別という補助線を引くとよく見えてくる。鳩山由紀夫首相[*4]は、少なくとも沖縄県外に普天間飛行場を移設するという立場を表明した。しかし、どの都道府県も受け入れなかった。なぜか？　地元の民意が反対しているからである。

地元の民意に反する政策は行わないという民主主義の原則に従って、沖縄以外の都道府県は海兵隊の受け入れを拒否した。沖縄県でも民意は海兵隊の受け入れを拒否している。それにもかかわらず、なぜ沖縄だけが民意に反した受け入れを強要されるのか。それは沖縄には民主主義の原則が適用されていないからだ。これは差別以外の何ものでもないと沖縄人は憤っているのである。このような状況で、辺野古移設を強行すれば仲井真知事が言うように「全県的な激しい基地反対運動につながりかねない」。そして、嘉手納基地を含む全米軍基地が住民の敵意に囲まれ、日米同盟を著しく弱体化させる。野田佳彦首相、玄葉光一郎外相におかれては、仲井真知事の発したシグナルを真剣に受け止めて欲しい。

沖縄の軍人像になぜか献花した
首相の突発的行為は誰の入れ知恵か

〈'12・3・15〉

2月26～27日に野田佳彦首相が沖縄を訪問した。偶然この時期に、筆者も沖縄にいた（25日午後から26日昼まで那覇、26日午後から27日午後まで久米島）ので、この訪問に対する地元の反応を皮膚感覚で知ることができた。

何とも形容しがたい、冷ややかな感じがした。沖縄県幹部や視察先の人々は、野田首相一行にていねいに対応する。しかし、目に見えない膜が首相一行と沖縄関係者の間にある。

筆者には、既視感（デジャビュ）がある。沿バルト3国（エストニア、ラトビア、リトアニア）へのゴルバチョフ・ソ連共産党書記長の訪問だ。現地の共産党第一書記は、ゴルバチョフ[*5]にていねいに対応したが、民衆は実に冷ややかだった。バルト3国の人々が本気で望んでいる歴史の見直し、すなわちスターリンとヒトラーの取引によって沿バルト3国がソ連に併合されたという問題にゴルバチョフが正面から取り組もうとしなかったからだ。

現在、沖縄人は、過去の戦争だけでなく、沖縄復帰に関しても、「ほんとうにわれわれを平等の同胞として扱う姿勢を日本政府はとっていたのか」という疑念を持ち始めている。それが陸軍中野学校出身の社会活動家の胸像への献花に対する疑念という形で顕在化した。

2月28日の琉球新報の記事を正確に引用しておく。

〈野田首相初来県　なぜ訪問？　末次像献花に疑問の声

野田佳彦首相が初来県した26日の日程には、浦添市の沖縄国際センター施設内にある末[*6]次一郎氏（１９２２～２００１）の胸像への献花もあった。短い滞在期間中にあえて入れた日程で、県が内閣府から受けた当初の予定にはなかった。県の担当者も「なぜ訪問したのか」と首をかしげている。／末次氏は佐賀県出身で陸軍中野学校二俣分校を卒業。沖縄返還や北方領土返還問題の民間運動の中心的役割を果たすなど、沖縄との関係は深く自民党歴代首相のブレーン的な役割も果たした。／胸像は「末次一郎先生沖縄県顕彰事業期成会」が２００５年に建立。小池百合子元防衛相が就任時訪れたことがあるが首相の訪問は初めて。首相周辺によると、胸像の訪問は「首相の意向」。約1週間前、急きょ、同期成会に電話を入れ訪問を伝えた。／野田首相は松下幸之助氏が設立した松下政経塾の第1期生。同期成会の関係者によると、末次氏は同塾の講師をしており、野田首相は塾生時代に薫陶を受けていたというが、それ以外のつながりは分かっていない。／一方、仲井真弘多知事は同期成会の会長を務めていた。末次氏と会食するなど親交も深かったという。関係者からは「野田首相と仲井真知事の接点になる人物とも言える」との声も上がっている。〉

沖縄県の担当者から「なぜ訪問したのか」と首をかしげられる人物の胸像訪問を誰が野田首相に勧めたのだろうか。「末次先生の胸像に花を捧げれば、沖縄県民も共感します」という頓珍漢なアドバイスをするような人物を今後、沖縄問題に関与させてはならない。

〈'12・5・3〉

所属県である沖縄を差しおいて東京都が尖閣購入という珍妙な必然性

4月16日午後（日本時間17日未明）、米国ワシントンで石原慎太郎東京都知事が爆弾発言をした。

〈石原知事は「東京都は尖閣諸島を買うことにした」と述べた。「日本人が日本の国土を守ることに何か文句がありますか」「中国は、尖閣諸島を日本が実効支配しているのをぶっ壊すために過激な運動をやりだした。とんでもない話」と批判し、「やることを着実にやっていかないと政治も信頼を失う」と述べた。

また、知事は講演後、「尖閣諸島周辺は豊穣《ほうじょう》な漁場で、自然エネルギー開発でも大きな可能性を持っている。島々を舞台として様々な施策を展開する」との考えを示した。〉（4月17日・朝日新聞デジタル）

この発言を受けて藤村修内閣官房長官は、尖閣諸島を国が購入する可能性も検討すると述べた。尖閣諸島は日本が実効支配する日本の領土であるが、中国が領有権を主張している。その不安定な状況下、国もしくは、尖閣諸島が所属する沖縄県が土地を購入するならば、筋が通っている。しかし、ここになぜ東京都が出てくるのか。筆者は頭がよくないので、その必然性がよくわからない。

ところで普天間問題がこじれにこじれている原因は、沖縄の民意に反する形で、米海兵隊普天間飛行場の辺野古（沖縄県名護市）への移設を日米両国政府が進めようとしているからだ。その意味では、石原知事も藤村官房長官も、沖縄の民意について考慮せずに尖閣諸島の購入問題について語っている。このこと自体が沖縄人を刺激する（筆者には半分、沖縄人の血が流れているので、このあたりの違和感が皮膚感覚でわかる）。

普天間問題、尖閣問題に通底するのは琉球処分[*7]の発想だ。琉球処分とは、明治初期に清国と日本の双方に帰属していた沖縄が、清国との関係を断ちきり、日本に統合される過程を指す。ちなみに琉球処分とは、左派系の学者が作り出した言葉ではなく、当時の日本政府が用いた公式用語だ。

琉球処分の過程で台湾出兵[*8]が起きた。１８７１年に那覇から宮古島に向かう船が台湾に漂着したことがある。そのとき台湾の先住民に54人の乗組員が殺害された。生き残った12人を清国政府は保護し、宮古島に送り届けた。日本政府は、日本人殺害の報復として、台湾に出兵する。しかし、琉球王国は恩義がある清国との戦争を望まなかった。その後、１８８０年に日本は清国と国境画定条約に署名する。日本が、沖縄本島以北は日本領、宮古島、八重山列島（石垣島、与那国島など）は清国領という提案をした。結局、清国がこの条約を批准しなかったので、宮古・八重山は日本領になった。日本政府は、台湾出兵の口実にした沖縄人の出身地である宮古島を切り捨てたのである。

このときの記憶が、沖縄には残っている。沖縄の意志を事前に確認せずに、大本営参謀の図上演習のように尖閣諸島の運命を決めようとする手法に沖縄は反発する。東京都も国も無意識のうちに危険なゲームを始めている。

構造的差別のイデオロギーが生んだ沖縄の米軍基地と福島の原子力発電所

〈'12・5・17〉

関連がないように見える出来事が、深いところで密接につながっていることがある。そのような目に見えない構造を読み解くためには、幅広い教養と強靭な思考の力が必要とされる。

エコノミストで埼玉大学大学院客員教授の水野和夫氏が、福島第一原発事故と世界経済危機の連関について、近著『世界経済の大潮流[*9] 経済学の常識をくつがえす資本主義の大転換』（太田出版）で鋭い読み解きを行っている。

水野氏は、〈福島原発とリーマンショックは、グローバル経済の内部に「中心／周辺」の関係が作り出されていることを顕わにしました。原発では東京（中心）と福島（周辺）の非対称な関係性を安全神話や無限のエネルギーが結びつけました。サブプライムローン[*10]もウォール街（中心）と低所得層（周辺）を「いますぐ中流階級になれる」というイデオロギーが結びつけましたが、エネルギーをすべて地方で生産して、富は全部東京に集中させる原子力発電所は、根本的にサブプライムローンと同じような構造のもとに成り立っているのです。〉（203頁）と強調する。

資本主義は、常に外部を作り出して、搾取と収奪を強めているという言説を、ポーランドのマルクス主義者ローザ・ルクセンブルグ（女性、1871〜1919）が展開した。水野氏の視座は、ローザと親和的だ。もっとも水野氏はマルクス経済学者ではないので、別の知的伝統から「中心／周辺」を作り出す資本主義の力を見出した。

水野氏は、〈マイケル・ドイルの『帝国（Empires）』によれば、帝国システムには三つの要素が必要です。それは①「強力な中央統治機構を備える中心」②「中心からの影響力に対して抵抗力のない周辺」、そしてその二つを結びつける③「軍事的・政治的・経済的あるいはイデオロギー的な諸力・諸装置」です。グローバリゼーションとは、この富を独占する「中心」と収奪される「周辺」の関係の非対称性を覆い隠すイデオロギー装置に他なりません。グローバリゼーションを「ヒト・モノ・カネの国境を自由に越える移動」と捉えていると、その本質が見えてきません。〉（202頁）と指摘する。

この場合、中心が周辺を支配するイデオロギーは、政治においてもあらわれる。日本の陸地面積の0・6％を占めるに過ぎない沖縄県に在日米軍基地の74％が所在することを正当化する「抑止力」も、東京の政治エリートが沖縄を支配するイデオロギーになる。沖縄から見るならば「抑止力」は、構造的差別のイデオロギーだ。

それでは、このような「中心／周辺」の支配と差別の構造をどうすれば打ち破ることができるかだ。一昔前ならば、共産主義というシナリオがあった。しかし、ソ連型のスターリン主義はもとより、反スターリン主義を掲げる共産主義運動の処方箋が実現しても、ひどい官僚支配と暴力を剝き出しにした抑圧体制が生まれるに決まっている。どうやれば、日本が危機を抜け出すことができるかについては、われわれが自分で考えるしかない。

〈'12・5・31〉

「本土復帰40周年」とはすなわち
「沖縄切り捨て60周年」に換言できる

5月15日、政府と沖縄県共催の沖縄復帰40周年式典が、沖縄県宜野湾市で行われた。東京のマスメディアの報道だけを読んでいると、あたかも沖縄が本土に復帰してほんとうによかったという雰囲気だが、これは間違いだ。復帰とは、本来の形に戻ることを言う。裏返すならば、復帰前の沖縄は、本来の形でない不正常な状態に置かれていたということだ。

この不正常な状態は、いつどのようにして生じたのだろうか。
１９４５年に日本は太平洋戦争に敗北し、米国を中心とする連合国の占領下に置かれた。１９５１年にサンフランシスコ平和条約が締結され、翌52年4月28日にこの条約が発効し、日本は主権を回復した。ただし、同条約３条で、沖縄には日本の施政権が及ばなくなった。日本の憲法や法令が適用されず、沖縄に住む同胞の人権が保障されないような状態が生じたのだ。当時の日本政府が、日本全体の利益を守るために沖縄を切り捨てた。沖縄復帰40周年については、沖縄切り捨て60周年とあわせて考えなくては、事柄の本質が見えてこない。

沖縄復帰40周年式典に参加した鈴木宗男氏（新党大地・真民主代表）は、5月15日のブログにこう記している。

〈沖縄戦初め、先の大戦での尊い多くの犠牲の上での今日の平和である事に、改めて思いを新たにしたものである。／平和の配当は全国民が受けているものだ。沖縄にだけ過度な負担をしているのは公平ではない。いわんや普天間飛行場の辺野古沖移設は、断じて容認できない。／沖縄に駐留米軍の74％が集中しているのは差別であり、いや（沖縄が）差別されていると言っても良い。／今年はサンフランシスコ講和条約から60年でもある。日本は国際社会に戻る事は出来たが、沖縄はそれから20年米国に占領されて来たのである。／この厳粛な事実を、復帰40周年を期に（原文ママ）全国会議員、与野党問わず考えてほしい。／消費増税議論よりも沖縄県民の想いを、声を受け止めるべきである。〉

式典で、仲井真弘多沖縄県知事は、〈「日米地位協定の抜本的な見直しや普天間飛行場の県外への移設、そして早期返還を県民は強く希望している」と、普天間の県外移設を県民の要望の形で求めた。〉（5月15日・琉球新報電子版）。かつて沖縄の保守陣営には、経済振興策との引き換えに、米軍基地の受け入れを容認する傾向があった。しかし、そのような可能性は、現在は全くなく、今後も生じないであろう。それは、沖縄が差別について語ることができるほど強くなったからである。しかも沖縄差別は構造化されている。そのために、差別をしている側はその事実に気づかないのが通例だ。

日本の陸地面積の0・6％を占めるに過ぎない沖縄に在日米軍基地の74％が所在するという差別的な状況を一刻も早く是正しなくてはならない。米海兵隊基地の辺野古移設はもとより、普天間固定化はありえないシナリオだという前提で、政府は対策を練るべきだ。

県議選挙での民主党議席減が暗示する「沖縄問題は中央政府では解決不可能」

〈'12・6・28〉

6月10日に行われた沖縄県議会選挙（定数48、改選前は欠員1）の結果、仲井真弘多知事を支持する与党は21議席しか獲得できなかった。具体的には、自民13（改選前14）、公明3（3）、無所属5（4）だ。野党・中道は、計27議席を獲得した。内訳は、社民6（5）、共産5（5）、社会大衆党3（2）、民主1（2）、そうぞう1（1）、国民新党1（0）、無所属10（11）だ。

議席数だけから見ると、改選前後で大きな差はない。しかし、民主党に関しては大きな変化がある。前回08年の選挙では、民主党候補が4人当選した。前回選挙で1万8331票でトップ当選した上里直司氏が今回は5701票しか得票できずに落選（次点）した。3分の1以下に得票を減らしている。

前回選挙において民主党公認で当選した4人のうち2人は、民主党を離党したが、この2人は当選した。沖縄において、民主党は壊滅的打撃を受けたことになる。いま解散・総選挙が行われれば、沖縄で起きたのと同じように、民主党にとって壊滅的な結果が生じる。沖縄県議会選挙の結果を踏まえ、民主党内での解散を避けようとする機運が一層強まると思う。

さらに興味深いのは、今回の投票率が52・49％（前回は57・82％）と過去最低を更新したということだ。これには2つの要因がある。

まず、与野党ともに沖縄県民の受け皿となる魅力を持っていないことだ。中央政治の枠組みで、沖縄が抱える問題を処理することはできない。ここで従来の保守と革新の垣根を超え、沖縄の自治権拡大、特に沖縄の運命に死活的にかかわる外交・安全保障問題に関しては、沖縄の同意を不可欠とする（すなわち外交権の一部を沖縄が持つ）ことを公約に掲げた「沖縄党」が出現すれば、状況は大きく変化すると思う。

さらに仲井真知事が、沖縄への一括交付金を確保し、辺野古移設に反対の立場を主張しているので、現状を大きく変化させなくても、とりあえず構わないという雰囲気も投票率の低下をもたらした。

民主党の一部と防衛官僚には、沖縄県議会で与党が勝利すれば、仲井真知事が辞任と引き換えに、辺野古移設を受け入れるという希望的観測があった。しかし、その前提が崩れてしまった。防衛官僚は落胆している。〈防衛省幹部は「1人でも多くの保守系候補に当選してほしかった。そうすれば知事が辺野古移設を再び容認する政策に転換したとき、知事を支える環境が整う。しかし、野党多数の状況では簡単には進まない」と述べた。〉（6月11日・琉球新報）

野田政権は、普天間問題に関して、防衛官僚が画策するような辺野古移設を考えていない。斎藤勁内閣官房副長官をはじめ、沖縄の現地事情に通暁した政治家が民主党には何人もいる。この人々が、一部の防衛官僚による辺野古移設の画策を許していない。沖縄県議会選挙の結果を踏まえ、再び政治主導で普天間問題の解決に首相官邸が取り組むことになるだろう。

〈'12・7・19〉

オスプレイ配備強行が示すのは普天間基地固定化の暗愚である！

7月1日、森本敏[*11]防衛相が沖縄を訪問した。米海兵隊普天間飛行場（沖縄県宜野湾市）[*12]にオスプレイを配備することについて地元を説得するためにやってきたのだ。もっとも森本氏には、最初から沖縄を説得するという自信も持っておらず、気概もない。「ガキの使い」のような役割しか果たしていない。

森本氏は国会議員ではない。それだから、選挙に落ちる心配もない。防衛相をクビになれば、大学の研究所に戻って、以前のように評論活動するだけだ。そもそも沖縄の米軍基地問題のような、高度な政治判断を必要とする問題を処理する資格が森本氏にはない。

森本防衛相に対する仲井真弘多沖縄県知事の対応は、実に気合いが入っていた。

〈森本氏　米政府から（オスプレイの沖縄配備の）通報を受け、背景説明に来た。米海兵隊の持つ航空輸送支援能力、災害支援、人道支援能力が格段に向上すると考えている。／4月のモロッコ事故、6月の米フロリダ事故について、日米でいろいろなやりとりを行った。米軍岩国基地に陸揚げした後、事故の調査結果を日本に通報して安全性が確認できるまで飛行を控える。事故調査の進み具合によって、8月まで岩国にとどめおく。

仲井真氏　事故は機械の性能の問題だ。原因を究明して安全を保証してもらわないといけない。日米安保条約上とか日米地位協定上とか、米軍がなんでも持ち込めるというのは信じがたい。安全性に疑問が持たれているものを持ってくるのは断然拒否する。オバマ米大統領なのか知らないが、誰か責任を持つのか。事故が起きたら（基地の）即時閉鎖撤去、

としか言いようがない。〉（7月2日・朝日新聞デジタル）

さらに会談終了後、記者団に対して、仲井真知事は、〈日本政府が了解せざるを得なかったとしても、治外法権的に人口密集地帯で運用され、「地位協定がありますから」などという話をしたら、（沖縄にある）全基地の即時閉鎖という動きにいかざるを得なくなる。米側（の対応）も理解不能だ。「自分たちで使い続けているから大丈夫」というのは安全性の証明にならない。〉（同右）と述べた。

仲井真氏は、日米安保条約を支持する保守派の政治家だ。反米や反戦といったイデオロギーに基づいて、オスプレイの沖縄配備に反対しているのではない。日米両国政府は、米海兵隊普天間基地の移設について合意している。その普天間飛行場にオスプレイを配備すること自体が、普天間固定化を視野に入れた画策だ。沖縄を軽く見た話である。

さらに、安全性に疑問があるオスプレイを沖縄だったら配備しても構わないという差別的発想が防衛官僚や外務官僚にはある。オスプレイ配備を沖縄に強行し、東京の政治エリート（国会議員、官僚）が、沖縄に対する差別的態度を少しでも示せば、沖縄の全米軍基地の即時閉鎖という動きになる。

日米同盟が崩壊の危機に瀕することを防ぐために仲井真知事は警鐘を鳴らしているのだ。

中央政府はもう頼りにならない　沖縄の「対米独自外交」が始まる日

〈'12・8・9〉

1879（明治12）年3月27日、琉球処分官・松田道之が軍を背景にした威圧で、首里城を明け渡させ、廃藩置県を強行して沖縄県を設置するまで、沖縄には琉球王国という国際法の主体として認められた国家が存在していた。琉球王国は、1854年に琉米修好条約、55年に琉仏修好条約、59年に琉蘭修好条約を締結している。

東京の中央政府が、沖縄の立場にあまりに無自覚なので、沖縄の国家意識が徐々に甦りつつある。オスプレイ問題がこれほど緊迫したのも、森本敏防衛相が沖縄に対してあまりにも差別的な対応を取ったからだ。事態が急転換したのは6月5日のことだ。

〈森本敏防衛相は（6月）5日の記者会見で、米軍普天間飛行場に配備予定の垂直離着陸輸送機MV22オスプレイが4月にモロッコで起こした墜落事故について米側から、事故原因が機体の問題ではなく、人為的なミスだったとの調査報告を受けたことを明らかにした。／森本防衛相は県内への配備前に米側の調査結果の報告があることを望むとしつつ、「この種の新しく開発されたシステム、特に航空機の事故が起きたときの調査は相当技術的に総合的な観点から調査しないといけない。常識的にかなり時間がかかって簡単に結論が出るものではないと思う」と述べ、調査報告が普天間配備後にずれ込む可能性があるとの見解を示した。〉（6月5日・琉球新報電子版）

沖縄県民にとって、普天間飛行場にオスプレイが配置されることは、防衛官僚や安保評論家が机上で論じる抽象的リスクの問題ではなく、顕在化した現実的脅威である。森本氏が沖縄県民を、同じ日本人同胞とほんとうに考えているならば、事故の調査報告がなされる前にオスプレイを沖縄に配置するなどという発想が出てくるはずがない。森本氏の対応で、オスプレイをめぐる沖縄に対する構造的差別が可視化されたのである。

東京の中央政府が頼りにならないので沖縄県は独自外交を始めた。

〈（沖縄）県は21日、米軍普天間飛行場への垂直離着陸輸送機MV22オスプレイ配備に反対する県の立場を伝えるため、又吉進知事公室長をワシントンに派遣することを決めた。又吉公室長は23日（米時間）に米国務省や国防総省を訪ねる。部長級と面談する方向で調整している。／オスプレイに対し、県民が安全面などで懸念を抱き、強行配備に反発している状況や、仲井真弘多知事の考え方を米政府に説明するとともに、配備計画や同機種に関する情報を収集することが目的。／又吉公室長は21日、琉球新報の取材に「県の人間が米国に行き、オスプレイ配備の問題が普天間飛行場の危険性や沖縄の基地問題と密接に関連することをあらためて伝えることは意味がある。（8月5日の）県民大会前に行き、伝えなければならない」と述べた。〉（7月22日・琉球新報電子版）

「自分の身は自分で守るしかない」と沖縄は腹を括っている。

〈'12・10・25〉

沖縄の当事者能力を認めない孫崎享氏の視座に異議あり！

元外務省国際情報局長、元防衛大学校教授の孫崎享[*13]氏は、尖閣諸島問題の「棚上げ」を主張し、また米新型輸送機MV22オスプレイの沖縄配備に反対する。それでは、孫崎氏は、沖縄の側に立った人物なのだろうか。筆者はそう思わない。

『月刊　マスコミ市民』10月号に「尖閣と竹島　係争地であるという前提で、どう対処」と題する孫崎氏のインタビューが掲載されて、そこでこんなやりとりがなされている。

〈――石原都知事が走りすぎると危険なので国が引き受けようと考えたのは理解できるの

ですが、たとえば沖縄県なり石垣市なりと非公式な連携をとり、沖縄の範囲の中でなんとかしてもらうようなことで中国の刺激を減らす、そういった知恵は出なかったのでしょうか。

孫崎　なぜ沖縄でなくて国が買うべきかといえば、尖閣で何らかの行動をとれば、中国が安全保障の面で行動をとると思うのです。それに対して、沖縄は行動する能力がありません。特に石原さんは沖縄と連携しようとしていますので、安全保障をともなう外交が機微な問題になっているときに、県レベルで行動するのは非常に危ないと思います。地理的には石垣市があまりにも大きいと思います。そういう意味で、私は国のほうがいいと思います。〉

この孫崎氏の見解に、筆者は2つの点で異論がある。第一は、安全保障面で中国が行動をとった場合、「それに対して、沖縄は行動する能力がありません」という沖縄の能力に対する決めつけだ。確かに沖縄は独自の軍隊を持っていない。しかし、沖縄には高度の交渉能力がある。東京都の石原慎太郎知事ではなく、沖縄県の仲井真弘多知事が尖閣諸島のうち魚釣島、南小島、北小島の所有権を、沖縄と直接関係のない埼玉県に住む地権者から購入するが、諸島の現状には何ら変化を加えない（すなわちスタートゥス・クオ[*14]を維持する）という保証をすれば、中国側が事態を先鋭化させなかった可能性が十分あったと思う。

第二は、そもそも論であるが、尖閣諸島は歴史的に沖縄に所属するのであり、その運命を沖縄の頭越しに決めることはできないという「基本中の基本」を孫崎氏が理解していないことだ。孫崎氏の尖閣問題認識は、基本的に井上清氏の『「尖閣」列島――釣魚諸島の史的解明』（現代評論社、1972年）に依拠していると筆者は見ている。この井上清氏が論拠とする『冊封琉球使録』の読み解きがこじつけであることは原田禹雄氏の『尖閣諸島　冊封琉球使録を読む』（榕樹書林、2006年）で、実証的に明らかにされている。原田氏のこの本を読まずに尖閣について語ることは知的に不誠実だ。「安全保障をともなう外交が機微な問題になっているときに、県レベルで行動するのは非常に危ないと思います」という沖縄に当事者能力を認めないという孫崎氏の視座は、外務官僚、防衛官僚、そして日米安保マフィアと同じである。

沖縄が安倍政権に本気の異議
無視すれば国家統合は揺らぐ

〈'13・2・14〉

沖縄が東京の中央政府に対し、本気になって異議申し立て行動を開始した。1月28日、オスプレイ配備に反対する沖縄県民大会実行委員会の代表と沖縄県の市町村長約30人が首相官邸を訪れ、安倍晋三首相に「建白書」（要請文）を手渡した。建白書には沖縄県の全41市町村長と議会議長の署名も入っている。保守革新の壁を超え、オール沖縄の意志がこの建白書にまとめられている。今回の行動の中心になっている翁長雄志那覇市長[*15]は、自民党員だ。沖縄保守のリーダーである。沖縄自民党もMV22オスプレイの沖縄配備、米海兵隊普天間飛行場の沖縄県内移設に強く反対している。建白書に、

〈とくに米軍普天間基地は市街地の真ん中に居座り続け、県民の生命・財産を脅かしている世界一危険な飛行場であり、日米両政府もそのことを認識しているはずである。／このような危険な飛行場に、開発段階から事故を繰り返し、多数にのぼる死者をだしている危険なオスプレイを配備することは、沖縄県民に対する「差別」以外なにものでもない。現

に米本国やハワイにおいては、騒音に対する住民への考慮などにより訓練が中止されている。〉

と記されている。

沖縄に対する構造化された差別がオスプレイ問題、普天間問題の根源にあるという沖縄側の指摘は客観的に見て正しい。日本の陸地面積の0・6％にすぎない沖縄県に在日米軍基地の74％が所在する数字が差別を物語っている。

建白書の末尾には、こう記されている。

〈オスプレイが沖縄に配備された昨年は、いみじくも祖国日本に復帰して40年目という節目の年であった。古来琉球から息づく歴史、文化を継承しつつも、また私たちは日本の一員としてこの国の発展を共に願ってもきた。／この復帰40年目の沖縄で、米軍はいまだ占領地でもあるかのごとく傍若無人に振る舞っている。国民主権国家日本のあり方が問われている。

安倍晋三内閣総理大臣殿。

沖縄の実情をいま一度見つめて戴きたい。沖縄県民総意の米軍基地からの「負担軽減」を実行して戴きたい。／以下、オスプレイ配備に反対する沖縄県民大会実行委員会、沖縄県議会、沖縄県市町村関係4団体、市町村、市町村議会の連名において建白書を提出致します。

1．オスプレイの配備を直ちに撤回すること。及び今年7月までに配備されるとしている12機の配備を中止すること。また嘉手納基地への特殊作戦用垂直離着陸輸送機CV22オスプレイの配備計画を直ちに撤回すること。

2．米軍普天間基地を閉鎖・撤去し、県内移設を断念すること。〉

当初、政府は沖縄代表団を安倍首相に会わせる必要はないと考えていた。しかし、直前に「直訴」に応じることを安倍首相は決断した。公式ルート以外で事態の深刻さを伝える情報が安倍首相に伝わったのであろう。政府がこの建白書の要請を無視すると、沖縄で日本の国家統合を揺るがすような事態が生じる。

＊1　普天間問題

1945年6月、沖縄県内の4つの集落を強制接収することで米軍の爆撃機B29用の滑走路を持つ普天間飛行場が建設。戦後は放置されていたが56年に海兵隊に移管。96年に日米両政府が5〜7年の全面返還で合意したが、実現せず。その後、海兵隊のグアム移転とキャンプ・シュワブ（名護）移設で合意を見るが、鳩山内閣は航空部隊のみの県外や国外移設を検討。２０１０年に県外移設は不可能との結論となり、辺野古移設の方向に。沖縄に対する一方的な基地負担、米兵が引き起こす事件、さらにはオスプレイ配備なども重なり、反対運動が強まっている。

＊2　沖縄クエスチョン
２０１１年9月に米ワシントン市内のジョージ・ワシントン大学で開かれた有識者会議。米軍の普天間飛行場の移設問題について、仲井真弘多沖縄県知事が地元知事として米国内で初めて県外移設を求めた。

＊3　仲井真弘多（１９３９〜）
通商産業省技官、沖縄電力取締役会長等を経て、２００６年より沖縄県知事。２０１４年12月の知事選挙に立候補するも落選。

＊4　鳩山由紀夫（１９４７〜）
自民党、新党さきがけを経て民主党。党代表のほか、第93代内閣総理大臣、民主党最高顧問等を歴任。普天間基地の移設問題に関して、県外移設を主張するが、辺野古案の継続やまた別の腹案の存在を語るなど日替わり状態の発言に批判が集中した。

＊5　ゴルバチョフ（１９３１〜）
ミハイル・ゴルバチョフ。旧ソ連の第8代最高指導者。東欧社会主義諸国が民主化する

契機となったペレストロイカ（改革）とグラスノスチ（情報公開）などの大改革を進めた。しかし国内の民族主義を抑えられず、保守派と改革派に政治勢力を分断させてしまう。1991年8月クーデターを招き、ソ連共産党の一党独裁およびソ連邦自体の崩壊を招く。

＊6　末次一郎（1922〜2001）
北方領土返還運動の最高指導者で、沖縄返還の立役者として歴代総理の指南役として活躍。青年海外協力隊を設立。

＊7　琉球処分
明治政府のもと、琉球が強制的に日本に組み込まれていった過程。1872年の琉球藩配置に始まり、1979年の沖縄県設置に至るまで。廃藩置県の際には警官・軍隊400人余りの武力を引き連れて首里城に乗り込み、約500年続いた琉球王国は沖縄県となった。

＊8　台湾出兵
1874年、明治政府が台湾に向けて行った軍事行為。明治政府と日本軍が行った最初の海外派兵。廃藩置県によって失業した士族の不満のはけ口を探していた側面も。

＊9　水野和夫（1953〜）
埼玉大学大学院客員教授。八千代証券入社後、一貫して調査部に所属。同社は合併などで社名が変わり、現在、三菱UFJモルガン・スタンレー証券。2010年に退職、民

主党政権時代に内閣府官房審議官を務める。アベノミクス始動でもデフレ脱却は不可能という持論。

*10 サブプライムローン
サブプライムとは優良客を指すプライム層よりも下位の層を意味するが、通常の住宅ローン審査には通らない信用度の低い人向けのローン。これらのローン債権は証券化され、世界中の投資家に販売されたが、2007年ごろ住宅バブルが崩壊。サブプライムローンにかかわる金融商品の信用も低下、リーマン・ショックの引き金に。

*11 森本敏（1941〜）
防衛大学校卒、航空自衛隊を経て、国際政治学者。野田政権にて防衛大臣を務める。民間人初の防衛相。

*12 オスプレイ
V22オスプレイ。米国のベル・ヘリコプターとボーイング・バートルの共同開発となる垂直離着陸機。試作機段階でも重大な事故を起こしており、安全性を不安視する声も。

*13 孫崎享（1943〜）
外務省情報調査局分析課課長、在イラク日本大使館参事官、在カナダ大使館公使、国際情報局局長、駐イラン特命全権大使等を歴任。09年退官。『日本外交 現場からの証言 握手と微笑とイエスでいいか』で山本七平賞受賞。著書に『戦後史の正体 1945―2012』『アメリカに潰された政治家たち』ほか。

＊14　スタートゥス・クオ
ラテン語で「現状」「そのままの状態」の意味。「現状維持政策」などの政治用語としても使われる。

＊15　翁長雄志（1950〜）
那覇市議会議員、沖縄県議会議員を経て、2000年から那覇市長。オスプレイ配備反対を求める県民大会では共同代表を務める。2014年12月から沖縄県知事。

第5章　脆弱極まる！　霞が関

原発事故中の不倫チュー♡
外務省なら処分は軽かったのに

〈'11・10・20〉

福島第一原発事故について、原子力安全・保安院の審議官として連日記者会見を行い、全国的に有名になった西山英彦氏[*1]が枝野幸男[*2]経産大臣によって停職1カ月の懲戒処分を受けた。朝日新聞の報道を引用する。

〈西山前審議官に停職1カ月　勤務中に不適切行為関連

経済産業省は30日、週刊誌で女性問題が報道され、海江田万里元経産相から厳重注意された西山英彦前審議官（54）＝大臣官房付＝を同日付で停職1カ月の懲戒処分にした、と発表した。省内で報道について事実関係を調査した結果、勤務時間中の不適切行為があったと認められたため。

経産省によると、西山氏は今年3月下旬から6月にかけて相当な回数、経産省内の執務室で、勤務時間中に女性職員と抱擁と口づけをした。女性職員も同日付で訓告処分を受けた。

西山氏は東京電力福島第一原発が事故を起こした直後の3月13日以来、原子力安全・保安院の記者会見で報道対応を務め、知名度も高かった。女性問題報道が発覚し、6月29日に報道対応を外れた後、待機ポストの大臣官房付にされていた。

西山氏の処分について、枝野幸男経産相は「今後二度と起こらないよう、全職員に規律徹底を図る必要がある。特に（原発事故で）被害を受けられた福島をはじめとする住民に改めておわびする」と述べた。〉（9月30日・asahi.com）

中央官庁では、局長に次ぐポストである審議官は個室を持つ。その個室で、ダッコやチューをしていたのが懲戒処分とされた。国家公務員の懲戒処分は大きく分けて2種類ある。第一は各役所ごとに定められた内規に基づく処分だ。高級官僚の不祥事はだいたいこの内規上の処分でお茶を濁すというのが霞が関の文化だ。これに対し、第二は国家公務員法に基づく懲戒処分だ。これは人事記録にも残るし、出世に悪影響がある。重い方から順に免職、停職、減給、戒告となる。

今回、西山氏が受けた停職1カ月は霞が関の相場からすればかなり重い方だ。停職というと「休みをもらってラッキー」というように見えるが、そうではない。

まずこの期間、給料が出ない。要するに「お前はもういらない。退職金は出してやるから、早く辞表を出せ」という組織からのシグナルである。相手の女性の意思に反してチューをしたわけでもなく、公金をデートに使ったわけでもない。霞が関の相場観からすると、性欲絡みの官僚不祥事に対するペナルティーの基準がコペルニクス的転換を遂げたのである。

この状況に外務官僚は腰を抜かしていると思う。セクハラ相談に乗ると言って部下の女性を渋谷のラブホに連れ込んだ外務報道官組織マスコミ課（仮名）の東巻（仮名）首席事務官は、きっとこのニュースを聞いて、血も凍る思いだと思う。西山氏も不倫に寛大な文化の外務省に勤務していれば、今回のような目に遭わなかったと思う。

〈'11・11・10〉

衆議院PCにサイバー攻撃
機密防衛は官僚では無理だ

衆議院のHPがサイバー攻撃を受け、被害が生じたことが明らかになった。10月25日付朝日新聞朝刊は、1面トップでこう伝えた。

〈衆院議員の公務用パソコンや衆院内のサーバーが今年7月以降、サイバー攻撃を受けてコンピューターウイルスに感染し、議員ら衆院のネットワーク利用者のIDとパスワードが盗まれた疑いがあることが朝日新聞の調べでわかった。少なくとも約1カ月間、盗んだ側が議員らのメールや文書を「盗み見」できる状態だったという。衆院事務局やサーバーを保守するNTT東日本が調査している。

国会関係のサーバーがサイバー攻撃を受け、IDとパスワードが盗まれたことが明らかになったのは初めて。ウイルスは外部からメールで送り込まれ、外交や防衛など国政の機密情報が狙われた可能性がある。〉

既に三菱重工、川崎重工などの国防産業に対するサイバー攻撃が行われたことが発覚しているが、今回の衆議院に対するサイバー攻撃もその延長でとらえるべきだ。日本国家を標的とするサイバーテロが行われているということだ。

〈関係者によると、衆院議員の一人が7月末、届いたメールの添付文書をパソコンで開いたことがきっかけで感染した。問題のウイルスは「トロイの木馬」と呼ばれる種類で、中国国内のサーバーからパスワードなどを盗み出すプログラムを呼び込む役割を果たしたという。

そのプログラムは、パソコンが衆院ネットワークに接続された際に、ウイルス対策をとっていた衆院側の防御を乗り越えてサーバーも攻撃。議員らのＩＤやパスワードを抜き取ったうえで、他の議員や事務局職員らのパソコンも次々に感染させたとみられる。盗まれたパスワードなどは、侵入者に悪用され、議員らのパソコンに保存されていたデータが閲覧されていた可能性があるという。〉（前掲、朝日新聞）

本件を深刻に受け止める必要がある。

〈最初に感染した衆院議員のパソコンが、ウイルスによって中国国内のサーバーに強制的に接続させられていたことがわかった。そこから、衆院のサーバーや他のパソコンに侵入するよう「命令」を受けたとみられ、感染の拡大につながったという。〉（同右）

中国がサイバーテロの中心になっていることは、インテリジェンスの世界における公然の秘密だ。警戒心を高めなくてはならない。サイバーテロは、爆弾テロと異なり、攻撃が行われてもそれを直ちに認識しない場合が大多数を占める。サイバーテロによる情報の盗み取りが行われていても、気づいていないという事態が大多数と思う。

特に怖いのは、非常時にコンピューター・システムがダウンするようなプログラムを、日本の政府や企業が気づかないうちに仕掛けられている危険性だ。日本の硬直化した官僚システムの現状からすると、各省庁に任せておいては、時間を浪費してしまう。野田佳彦首相の強力な政治主導により、対策をとる必要がある。

辺野古移設を強姦にたとえる愚
無能！ 沖縄防衛局長の暴言

〈'11・12・15〉

外交官時代、筆者は品性下劣で無能な外務官僚の姿をずいぶん見た。下品・無能競争で防衛官僚も外務官僚といい勝負をしているようだ。11月28日夜、那覇で行われたオフレコ懇談の席で田中聡[*3]沖縄防衛局長が、とんでもない暴言を吐いた。その事実を翌29日の琉球新報が報じた。

〈田中局長は那覇市の居酒屋で、防衛局が呼び掛けた報道陣との懇談会を開いた。報道陣は県内外の約10社が参加した。／評価書の提出時期について、一川氏の発言が明確でないことについて質問が出たとき、「これから犯す前に犯しますよと言いますか」と発言した。／懇談会終了後、沖縄防衛局は、琉球新報の取材に対し「発言の有無は否定せざるを得ない」と述べた。／沖縄の米軍基地問題に関連し、女性をさげすむ発言は過去にも問題となった。／1995年9月に起きた少女乱暴事件後の同年11月、リチャード・マッキー米太平洋軍司令官（海軍大将）が同事件をめぐり、「全くばかげている。私が何度も言っているように、彼らは車を借りる金で女が買えた」と発言し、更迭された。／田中局長は1961年生まれ。大阪大学法学部卒。84年旧防衛施設庁入庁。那覇防衛施設局施設部施設企画課長、大臣官房広報課長、地方協力局企画課長などを経て8月15日に、沖縄防衛局長に就いた。〉

そもそも95年9月の少女乱暴事件が普天間問題の出発点であることを田中氏は、専門家として十分認識しているはずだ。しかも、若い頃に沖縄に勤務した経験もある。米軍人による性暴力事件について田中氏は熟知している。普天間飛行場の辺野古への移設を性暴力にたとえれば、仕事がやりやすくなるとでも田中氏は思ったのだろうか。そうであるとすれば、無能と言わざるを得ない。11月29日に一川保夫防衛相が田中氏を更迭したのは当然のことだ。

ところで、29日夜の記者会見で、「オフレコ懇談なので更迭を疑問視する声もある」などというトンマな質問をした記者がいる。貴様は防衛官僚になったつもりか！　味噌汁で顔を洗って出直して来い！　こういうトンマな記者を官僚は利用することはあっても絶対に尊敬しない。記者の仕事は国民の知る権利に奉仕することだ。オフレコ懇談の内容を報道して今後、情報源との関係が崩れるのと、国民の知る権利を天秤にかけて、後者の方が重ければ報道するのは当たり前だ。

11月29日、琉球新報の玻名城泰山編集局長が、

〈「政府幹部による、人権感覚を著しく欠く発言であり、今の政府の沖縄に対する施策の在り方を象徴する内容でもある」とした上で「非公式の懇談会といえども許されていいはずがない。公共性、公益性に照らして県民や読者に知らせるべきだ」〉（11月30日・琉球新報）

と述べているが、これがマスメディアに携わる者の職業的良心だ。「オフレコ懇談なので更迭を疑問視する声もある」などと官僚と同一の視座をもつ本質的に頭が悪い記者がいることが日本のマスメディアの病理だ。

〈'12・2・23〉

沖縄を蔑視するバカ防衛局長の陰で
普天間の固定化を狙う外務官僚

また沖縄防衛局長の不祥事だ。米海兵隊普天間基地がある沖縄県宜野湾市の市長選挙の

直前に沖縄防衛局の真部朗局長が選挙に関する「講話」*4を行ったこと自体が常軌を逸している。鈴木宗男・新党大地代表が「局長という影響力のある地位にあり、ストレートに特定の候補者名を言わないまでも、局長の意図は伝わってくる。この体質はどこから来たのか。何時からこの様な体質になったのか。局長を更迭するのはあたりまえだが、自民党政権時代からの検証をすることが大事である」（2月2日・ムネオ日記）と述べているが、その通りだ。

最も深刻なのは、真部局長が悪いことをしたと全く思っていないことだ。防衛官僚からすれば、米海兵隊普天間飛行場を辺野古（沖縄県名護市）に移設することが国益だ。宜野湾市長選挙では、この国益に対する理解度が高い（言い換えるならば、防衛官僚によって御しやすい）自民党・公明党が推薦する候補の方が都合がよいという誘導を真部局長が行ったと見るのが自然な見方と思う。

自民党、公明党は野党だ。選挙で野党に有利になる動きをしても、与党の民主党は手出しできないという驕りが真部局長にある。それよりも深刻なのは、防衛官僚の介入によって、沖縄の民意を操作することができるという発想だ。沖縄は「国内植民地」で、沖縄県民は「二級市民」だという差別意識があるから真部局長はこういう民主主義の原則の露骨な侵犯を行うのだ。

そう言えば、真部局長の前任の田中聡前局長は、辺野古移設にかかわる環境影響評価（アセスメント）書の提出時期について、「これから犯す前に犯しますよと言いますか」と性犯罪にたとえる暴言を吐いて更迭された経緯がある。沖縄防衛局には、沖縄と沖縄県民を蔑視する腐った組織文化がある。

たいして難しくもない国家公務員試験に合格したくらいで、自分をエリートと勘違いしている輩どもが、植民地総督気分で沖縄防衛局長をつとめていることが問題だ。もっともこういう薄らバカ官僚のおかげで、辺野古移設の可能性が、時の経過とともに非現実的になっていることは、結果としてよいことと思う。

普天間飛行場の辺野古移設は不可能だ。仲井真弘多沖縄県知事が繰り返し述べているように「名護市辺野古は非常に無理がある。県外移設を強く要請する」という方向での解決を政治主導で行うべきだ。

この状況でもっとも悪辣なことを考えているのが外務官僚と思う。この連中は防衛官僚よりも偏差値が高いだけに、悪知恵がよく働く。「僕たち外務官僚は一生懸命、沖縄の負担軽減に努力したのですが、田中聡や真部朗など程度の低い防衛官僚が下手を打って、地元感情を悪化させたので、辺野古移設は諦めざるを得ません。こうなっては普天間固定化で押しきるしかありません。沖縄が興奮してワガママを言っているということでまとめ上げましょう」というような耳打ちを、政権幹部にしかねない。要注意だ。

〈'12・4・5〉

担当検事の行政処分や逮捕も!?
石川裁判と、堕ちた地検特捜

筆者と石川知裕[*5]代議士との対談書が発売された（『小沢一郎はなぜ裁かれたか　日本を蝕む司法と政治の暴走』小社刊）。同時に、石川氏の裁判に関しても大きな動きがあった。

東京地検特捜部で石川知裕衆議院議員（新党大地・真民主）を取り調べた田代政弘検事[*6]がピンチに陥っている。3月16日の産経新聞がこう報じた。

〈強制起訴された民主党元代表、小沢一郎被告[*7]（69）の元秘書、石川知裕衆院議員（38）を取り調べた田代政弘検事（45）が捜査報告書に虚偽の記載をした問題で、田代検事が報告書を作成した後、上司の指示を受けて書き換えた可能性があることが15日、関係者の話で分かった。田代検事を含む複数の検事が報告書の「改変」に関与していた疑いが浮上した。検察当局は虚偽記載の背景にこうした指示があったとの見方を強めており、当時の上司らからも説明を求める方針だ。／問題の報告書は平成22年5月17日付で、小沢被告を起訴相当とした検察審査会の1回目の議決を受けて作成された。東京地検特捜部に所属していた田代検事が、石川議員を再聴取した内容が記載されている。／報告書には、石川議員が「『選挙民を裏切ることになる』と検事に言われ、（小沢被告の関与を認めた）供述を維持した」と話したことなどが記されているが、石川議員の隠し録音記録には、こうしたやり取りはなかった。田代検事は小沢被告の公判で「思い出して作成したので、記憶が混同した」などと釈明している。〉

田代検事は司法試験に合格しているので記憶力はいいはずだ。記憶が混同することは考えられない。

この記事について、筆者は石川氏と率直に話し合った。石川氏は、「田代さんは人間的にいい人ですよ。取り調べのときに田代さんは、『あなたが水谷建設から裏金の5000万円をもらった事実はないと僕は信じている。ただ、上はもらったと思っている』と言っていたので、相当、上司のプレッシャーを感じながら僕を取り調べていたのだと思います」と言っていた。

田代検事は、取り調べの途中、何度も席をはずすことがあったという。きっと石川氏からどういう供述を引き出したらよいかについて、上司と相談していたのであろう。石川氏は「組織の一員としてやったことが、田代さん個人の責任とされるのは、可哀想です」と述べていた。

石川氏は、田代検事に逮捕され、その結果、メディアバッシングがなされ、相当酷い目に遭った。それにもかかわらず、むしろ田代検事に同情しているのである。筆者が石川氏を尊敬している理由は、恨みつらみではなく、冷静に物事を観察することができる優れた人間性を持っているからだ。前出の産経新聞の報道によると、

〈市民団体の告発を受け、虚偽有印公文書作成などの罪で捜査している東京地検は田代検事から任意で事情聴取しており、立件の可否を慎重に判断する。法務省は田代検事らの行政上の処分を検討している。〉

ということだ。行政処分だけで済まされず、田代氏が逮捕されるという見方をする司法記者もいる。田代氏が置かれていた苦しい状況について石川氏は詳細な記録をまとめている。

厚労省と検察の対立に巻き込まれた大坪元大阪地検特捜部長を支持する

〈'12・4・19〉

3月30日、大阪地方裁判所（岩倉広修裁判長）は、大阪地検特捜部のフロッピーディスク（ＦＤ）[*8]改竄《かいざん》事件に関する犯人隠避罪に問われた大坪弘道元大阪地検特捜部長と佐賀元明元副部長に懲役1年6カ月（執行猶予3年）の有罪判決を言い渡した。検察側の求刑懲役1年6カ月を全面的に認める判決だ。

大坪、佐賀両氏は、即日控訴した。

〈「結論ありきだ」。無罪を訴えてきた元部長らは記者会見で怒りをあらわにした。判決は組織の病弊を指摘しており、改革の行方に影響を与える可能性もある。／「最高検の主張に追従した判決。私たちの主張を一顧だにせず、一方的に導いたものだ」。元大阪地検特捜部長の大坪弘道被告（58）は判決後、大阪市北区で記者会見し、顔を紅潮させて判決を批判した。／判決は、証拠品のフロッピーディスク（ＦＤ）のデータを改ざんした前田恒彦・元主任検事（44）＝証拠隠滅罪で実刑＝や元同僚の検事らの証言を信用できると判断し、有罪を導いた。大坪被告は「間接的な状況証拠を拾い集め、強引に起訴内容を認定したものにすぎず、説得力を大きく欠いている」と語気を強めた。（中略）／元副部長の佐賀元明被告（51）も大坪被告の後に記者会見した。「感情論で話したくない」としながら、「結論は重く受け止めるが、事実と異なることは納得できない。判決は改ざんの認識ありきだ」と話した。》（3月31日・朝日新聞デジタル）

筆者は、鈴木宗男事件に連座し、東京地検特捜部に逮捕され、独房に512日間勾留された後、7年間裁判を争った。結果は、懲役2年6カ月（執行猶予4年）の有罪で、2013年6月13日までは執行猶予期間中だ。現在仮釈放中の鈴木宗男氏は、4月30日に刑期を終え晴れて自由の身になるが、筆者はまだ執行猶予が続く。それだから、筆者が検察に対して恨みをもっていると勘違いした記者が「元大阪地検特捜部長と副部長の犯罪が断罪され、検察はおかしいという佐藤さんの主張がようやく浸透してよかったですね」などという声をかけてくる。

これに対して筆者は、「冗談じゃないです。僕は大坪さん、佐賀さんは無罪と確信しています。それだから、この2人を一貫して応援しています。僕も外務官僚だったので、エリート検察官僚の論理は皮膚感覚でわかります。部下が、刑事犯罪を犯したと申告したときに、『過失にしろ』などという間抜けた指示をする上司は1人もいません。そもそも僕は、大坪さんたち大阪地検特捜部が厚生労働省の組織犯罪にメスを入れたことは正しいと思っています。当初、村木厚子局長[*9]に責任を被せ、組織防衛を図った厚生労働省が、途中から村木さんを守るという戦術転換をした。厚生労働官僚に検察官僚が敗れただけのことと見ています」と答えている。そうすると記者はきょとんとした顔をする。大坪氏、佐賀氏には、歴史に真実を刻み込むために品格ある闘いを続けて欲しい。

〈'13・1・24〉

「靖国放火」を是認する中国と韓国
放置しては要人暗殺の危険度も高まる

1月3日、韓国のソウル高等裁判所が、日本政府が日韓犯罪人引渡条約に基づく引き渡しを求めている中国籍の劉強[*10]容疑者（38歳）を「政治犯」と認定した。劉強容疑者は、靖国神社の門に放火した後、韓国ソウルの日本大使館に火炎瓶を投げ込んだため、韓国当局に逮捕、起訴され、韓国の刑務所に服役していた。ソウル高裁が劉容疑者を政治犯と認定した理由は、〈放火は日本の朝鮮統治時代の「慰安婦」問題について日本政府に抗議し、日本の政策を変更させる目的だった〉（1月4日・MSN産経ニュース）からだ。放火は深刻な刑事犯罪だ。政治的目的があったので、放火を是認するというソウル高裁の判断は間違えている。客観的に見て、韓国は政治テロを支援していることになる。

劉強容疑者は、4日、中国の上海に帰国し、英雄のような歓迎を受けた。中国と韓国のマスメディアも反日キャンペーンでスクラムを組んでいる。

〈中国各紙は4日、高裁決定を一斉に報じ、「政治的な大義のため犯罪に及んだ」（人民日報のウェブサイト）、「日本政府が歴史を認めないので怒っていた」（新京報）などと劉元受刑者の立場も紹介。ネット上には「英雄」「韓国には大義がある」などの書き込みも目立った。韓国各紙も「日本政府は韓国の司法の決定を尊重すべきだ」（東亜日報）など、高裁の判断を支持する論調が目立っている。〉（1月5日・朝日新聞デジタル）

政治テロを是認するような韓国と中国の動きは危険だ。日本政府が全力をあげてこの流れを止めないと、今後も日本国内で放火が起きる。さらに放火犯が放置されているような状況では、要人暗殺が試みられる可能性も排除されない。事態はきわめて深刻だ。

4日、安倍晋三首相が年頭会見で、「条約を事実上無視し、極めて遺憾だ。抗議したい」と述べた。当然のことだ。率直に言って、本件に対する外務省の対応が驚くほど鈍い。

〈高裁の決定に対し、ソウルの日本大使館の倉井高志総括公使は3日夜、韓国外交通商省に電話で抗議した。〉（1月5日・朝日新聞デジタル）との記事を読んで、開いた口がふさがらなかった。総括公使による電話での抗議というのは、「日本政府としては本件を外交的に大きな問題にしたくありません」というシグナルだ。本来は、別所浩郎駐韓大使が韓国の外交通商部に乗り込んで抗議すべき事案だ。

外務省は、日中間に犯罪人引渡条約が存在しないことを理由に本件の幕引きを図っているようだ。このような腰が引けた対応は、日本の国益を毀損するのみならず、国際的に見てもテロリズムを放置することになる。日本は主権国家として中国に対し、「放火というう重大な犯罪を犯した劉強容疑者を日本に引き渡せ」と要求すべきだ。同時に、テロリズムに対する戦いという観点から、米国、ロシアなど政治テロに対して敏感な諸国を日本の味方にする努力をすべきだ。外務官僚の不作為が国益を毀損している。

＊1　西山英彦（1956〜）
経産官僚。現在、環境省福島除染推進チーム次長。2011年の福島第一原発事故発生

当時、原子力安全・保安員の広報担当者として記者会見を担当。同年6月に週刊新潮によって経産省の女性職員との不倫問題を報じられ、広報担当を更迭。

＊2　枝野幸男（1964〜）
衆議院議員。日本新党、民主の風、新党さきがけを経て民主党。民主党政権時代に官房長官、内閣府特命担当相、経産相等を歴任。

＊3　田中聡
2011年11月、沖縄県那覇市で行われたオフレコ懇談の席上、普天間飛行場移設先の環境評価書の提出時期を明らかにしないことに関して、「これから犯す前に犯しますよと言いますか」と発言。琉球新報が報じたことで大問題になった。田中氏は事情聴取の後、沖縄防衛局長を更迭され、防衛大臣官房付となった。

＊4　真部朗
2012年1月、沖縄県宜野湾市長選に絡み、投票を呼びかける講話を同市内在住の防衛局職員や親族らを対象に行った。具体的な投票依頼があったことなども明らかになった。訓戒処分となる。

＊5　石川知裕（1973〜）
小沢一郎の秘書を経て、現在、新党大地・真民主所属の衆議院議員。2010年、陸山会事件で政治資金規正法違反容疑で逮捕。任意の取り調べを担当した検事によって供述を捏造され、虚偽報告書を検察審査会に提出された。佐藤氏との対談書は『小沢一郎は

なぜ裁かれたか　日本を蝕む司法と政治の暴走』（小社刊）。

＊6　田代政弘

元東京地検特捜部検事。陸山会をめぐる事件で石川知裕議員の取り調べを担当。虚偽の捜査報告書を作成し、検察審査会に提出、小沢一郎議員の強制起訴へ。虚偽有印公文書作成容疑などで刑事告発されるが、不起訴処分。

＊7　小沢一郎（1942～）

衆議院議員。生活の党代表。自民党、新生党、新進党、自由党、民主党、国民の生活が第一、日本未来の党を経て、生活の党。2011年、自身の政治資金管理団体「陸山会」を巡る事件で検察審査会によって強制起訴。元秘書ら3人が逮捕されるが、小沢本人は12年、一審無罪。高裁判決も一審を支持、検察側の上告断念で無罪確定。

＊8　FD改竄事件

2010年、障害者郵便制度悪用事件を担当していた大阪地検特捜部の前田恒彦主任検事が、証拠物件であるフロッピーディスクを改竄。前田検事、その上司である大坪弘道元特捜部長、佐賀元明副部長の3人が逮捕。前田元検事は懲役1年6月の実刑判決。大坪元特捜部長と佐賀元副部長は懲役1年6月・執行猶予3年。大林宏検事総長の辞職にまで波及した。

＊9　村木厚子（1955～）

2009年、厚労省社会・援護局企画課長時代に障害者団体「凛の会」に障害者団体証

明書を発行、不正に郵便料金を安くしダイレクトメールを発送させたとして、虚偽公文書作成・同行使容疑で逮捕。翌年、大阪地裁で無罪判決。厚労省に復職。

*10 劉強

2011年の日韓首脳会談で李明博大統領が慰安婦問題に言及した際、野田首相が法的に決着済みの姿勢を示したことに立腹。同年に靖国神社、翌年にソウルの日本大使館に放火をした。11年の来日は福島でのボランティアが目的だった。

第6章　安倍政権への交代を許した元凶の面々

民主党代表選立候補者で考える「外交的基礎体力」の有無について

〈'11・9・8〉

2011年8月23日、前原誠司前外相が民主党代表選挙に立候補する意向を表明した。率直に言って、現在の民主党に前原氏以上のタマはいないと思う。

これに対して、今年3月に外国人献金問題[*1]で外相を辞任した前原氏が立候補するのはおかしいじゃないかという批判がある。筆者の理解ではそういう批判の方がイカレている。政治資金規正法で外国人献金が禁止されているのは、外国の政府、企業、個人の思惑によって日本の政治意思がねじ曲げられる危険性を警戒しているからだ。

母子家庭で経済的に苦しかった前原氏を中学生のときから応援していた在日韓国人の焼き肉屋のおばさんがいた。その人が1年に5万円を前原氏に献金したことによって、前原氏が日本の政治意思をねじ曲げようとしたという証拠を具体的にあげることができる人がいるだろうか？　1人もいないと思う。なぜなら、前原氏はそのような破廉恥な売国行為をしていないからだ。

本来、前原氏はこの程度のことで外相を辞める必要はなかった。「以後気をつけます」と言って、お金を在日韓国人のおばさんに返却し、政治資金収支報告書を修正すればいいだけの話だ。筆者の見立てでは、前原氏が辞任した理由は2つある。第一は、政治的理由だ。この件が政争の具に使われ、国会審議が停滞することが国益に反すると考えたからだ。第二は、人間的な理由だ。中学生の頃から自分を助けてくれた恩人を、メディアスクラムの対象にしたくなかったからだ。特に第二の理由は、前原氏の人間性をよく示している。

もちろん政治資金規正法違反は良くない。しかし、立ち小便をしたからといって、チンポを切り落とすというような罰を与えるべきではない。前原氏を攻撃する人たちは少し頭を冷やして考えて欲しい。北朝鮮のインテリジェンス機関が、金正日体制にとって有害と考える日本の政治家に目をつける。外国籍をもっている人に、日本名を名乗らせ年5万円の政治献金を行う。そして、その政治家を追い落とすタイミングを見て、外国人から政治献金を受領しているという情報を流す。こんなやり方で有能な政治家が潰されてしまうことこそが国益に反する。この場合の国益とは、国家益と国民益が合わさったものだ。

来年、2012年には、ロシア、米国、韓国で大統領選挙が行われる。中国では共産党代表者大会が行われ習近平氏が総書記に昇格することが確実視されている。北朝鮮では金正日氏から金正恩氏への権力委譲が開始されるかもしれない。このような状況で、日本の社会と国家を守るために、首脳外交の比重が飛躍的に高まる。外交は付け焼き刃ではできない。外交的基礎体力がある政治家を日本国家のために最大限に活用しなければならない。偽メール事件、外国人献金などの負の遺産を、前原氏は今後の政治活動で克服すればよい。前原氏にチャンスを与えることが国益に適うと信ずる。

歴史認識の甘さは致命傷になる
米国との約束でやってはいけないこと

〈'11・9・15〉

野田佳彦新首相のアキレス腱は外交になるのではないかと筆者は見ている。具体的にどの外交か？　筆者は対米外交でつまずくのではないかと見ている。野田首相は、日米同盟が日本外交の基軸であると何度も強調しているにもかかわらず、日米関係のデリケートさについての理解が不十分だ。

例えば、歴史認識をめぐる問題だ。野田首相は、いわゆるA級戦犯は戦争犯罪人でないという認識を一貫して表明している。確かにA級戦犯は国内法によって裁かれたのではないという認識を小泉純一郎首相が閣議了解を得た政府答弁書で明らかにしている。従って、国内法においてＡ級戦犯は戦争犯罪人ではない。しかし、ポツダム宣言を受諾し、極東軍事裁判所の判決を日本が受け入れている以上、国際法的にＡ級戦犯が戦争犯罪人とみなされているという現実を覆すことはできない。

ここで重要なのは米国が旧連合国であるということだ。Ａ級戦犯が戦争犯罪人ではないという立場を強調することが、対米外交にどのような影響を与えるかということについての野田首相の認識には、日本の保守派に共通する危うさがある。安倍晋三政権ができた当初、米国は「日本に本格的な親米政権ができた」と歓迎した。しかし、その歓迎はただちに幻滅になった。それは安倍氏が慰安婦問題に関して、「狭義の強制性はなかった」という議論を展開したからだ。

確かに筋論として、慰安婦に関して狭義の強制性はなかったということは、日本政府の公式の立場で、実証的裏付けもある。しかし米国人は、軍人相手の「強制売春」が行われていたということ自体に、自分の娘や妹が慰安所に収容されていたかのような印象を抱くのである。こういう米国の受け止めに関する認識が安倍氏には不十分だった。野田首相のＡ級戦犯をめぐる歴史認識にも対米関係を崩しかねない地雷が埋まっている。

さらに「合意は拘束する」という国際関係の原則を米国人は重視する。8月29日、民主党代表選挙に当選した後の記者会見で、野田氏は〈「名護市辺野古沖に移設する日米合意を踏まえ、沖縄の負担を軽くしていく菅政権の政策は継承したい」と述べた〉（8月30日・日経新聞朝刊）。しかし、沖縄で、米海兵隊普天間飛行場の辺野古への移設は、東京の政治エリートによる沖縄に対する構造的差別の象徴と認識されている。仮に野田政権が辺野古移設の強行を試みると、沖縄の怒りが保守・革新、政党の枠を超えて爆発し、島ぐるみの反基地闘争に発展する。沖縄が日本から分離する機運が生じかねない。

米国人と交渉する場合、できないことについては絶対に約束してはならない。日本は民主主義国である。当然、沖縄においても民主主義の原則が適用される。「民意に反することを、力を用いて行わない」という大原則を踏まえないと、沖縄をめぐり、日本の国家統合が危機に瀕する。この認識を野田首相が現時点で持っているようには思えない。実行不能の約束を米国に対して野田首相が訪米の手土産として行うことを筆者は危惧している。

閣僚の「舌禍辞任」で見えてくる内閣が持っている情報分析の力量
〈'13・9・29〉

9月10日夜、野田佳彦首相は、鉢呂吉雄経産相[*2]の辞表を受理した。鉢呂氏は8日、福島県を視察した後、衆議院赤坂宿舎に帰宅したとき、取り囲んだ記者の1人に着ていた防災服をなすりつけるようなしぐさをして、「放射能をつけちゃうぞ」と発言していたことが9日夜になって明らかになった。9日朝の閣議後の記者会見で、鉢呂氏は東京電力福島第一原子力発電所の周辺市町村について「死の町」と表現した。この発言を知った野田首相が直ちに「不穏当な発言」として謝罪と訂正を指示した。鉢呂氏は9日夕に緊急記者会見を行い「死の町」という発言を撤回し、謝罪した。その直後に「放射能をつけちゃうぞ」発言が報じられ、鉢呂氏の政治家としての資質が問われる事態になった。

本件に対する野田首相と首相官邸の危機管理は迅速かつ的確であった。「死の町」発言ならば、真意を説明し、今後、原発事故処理できちんとした仕事をすれば鉢呂氏がダメージを回復することができると首相官邸は考えたのであろう。しかし、「放射能をつけちゃうぞ」発言については、経産相としての適格性という範疇の問題ではなく、人間性が疑問視され、こういう人を原発問題に深く関与する大臣職に就けた野田首相の任命責任に事態が発展する。それだから首相官邸は事態の早期収拾を図った。しかも野田首相が10日中に鉢呂氏と直接会見し、トップの決断で事態を処理するという体裁を整えた。

報道ではよく見えないが、首相官邸が危機管理対策を水面下で見事に行ったのだと思う。鉢呂発言が今後、どのような影響を与えるかをシミュレーションし、その上で鉢呂氏に事態の深刻さを冷静に伝え、的確な決断を求める段取りを整えたのだと筆者は見ている。なぜ、10日中に処理する必要があったのか。それは11日が日曜日だからだ。日曜日の午前にテレビでは「日曜討論」(NHK)、「サンデー・フロントライン」(テレビ朝日系)、「新報道2001」(フジテレビ系)が放映される。ここで鉢呂氏の資質問題が問われれば、野田政権の権力基盤を著しく傷つける。当初、鉢呂氏を守る姿勢を示したが、野党の攻勢と世論の批判を受けて解任するというシナリオの危険性を首相官邸が十分に認識して、迅速に行動したということだ。

筆者は、鉢呂氏の暴言は許しがたいことであるし、このような人物を経産相に据えた野田首相にも政治的責任があると思う。ただし、客観的に見て、今回の事態の処理に関して野田官邸の情報収集能力と分析力は優れている。その上、迅速に決断し、行動することができる。筆者は情報の世界で過去にさまざまな事例を見てきたが、こういう「マイナスのミニマム（極少）化」は、もっとも難しいインテリジェンス工作なのである。首相官邸が持っているこの能力を国内政局の処理だけではなく、外交にも活用して欲しい。防衛官僚が米海兵隊の普天間飛行場移設を強行しようとしているが、防衛官僚の「関東軍化」を阻止することも野田首相官邸の焦眉の課題だ。

〈'11・10・27〉

慰安婦問題での衝突を回避する
政調会長を「訪韓」させる意義

民主党の前原誠司政調会長が10月9～11日、韓国を訪問した。この訪問は日本外交にとって大きな意味を持つ。実は慰安婦問題で日本は窮地に追い込まれそうな状況に置かれていた。今回の前原訪韓で、その窮地から逃れる展望が生まれたのである。

〈韓国を訪問している民主党の前原誠司政調会長は10日昼、ソウル市内のホテルで金星煥外交通商相と会談し、慰安婦問題について「人道的な観点から考える余地がないか、お互い知恵を出し合い静かな環境で議論したい」と述べた。韓国政府が求める慰安婦の請求権協議に関しては「政府の考え方は不変だ」と否定的な見解を示した。／会談後の記者会見で前原氏は、平成19年に解散した「女性のためのアジア平和国民基金」を挙げ、「韓国政府は否定的な考え方をしているが、それは以前の話であって李明博政権ではない」と指摘。新たな基金創設も選択肢になることを示唆した。／ただ、前原氏は同日夕、ソウル市内で記者団に対し、「具体的に考えるのは外交をつかさどっている政府だ。方向性が固まった段階で、党としてもしっかりとバックアップしていきたい」と説明。新たな基金創設の是非は、あくまでも政府が行うとの認識を示した。〉（10月10日・MSN産経ニュース）

10月6～7日に玄葉光一郎外相が韓国を訪問したばかりである。外相訪韓の直後に前原氏が訪韓したことについて、松下政経塾[*3]同期の2人が激しいライバル意識を燃やしているという解説をする政治部記者や評論家がいるが、それはピントがずれている。率直に言って、外交の技能に関して、前原氏と玄葉氏では、腕が相当異なる。兵隊の位にたとえるならば、玄葉氏が下士官とすると、前原氏は将官だ。

9月24日、ニューヨークで玄葉外相は、韓国の金星煥外交通商相と初会談した。玄葉外相は、「日韓は死活的利益を共有している」という大げさな話をした。日韓は同盟関係になく、竹島という領土問題を抱えている。こういう国に対して死活的利益を共有するという認識を表明すること自体が頓珍漢だ。外交で重要なのは、空疎なレトリックではなく現実的対応だ。

8月30日、韓国の憲法裁判所が、元慰安婦の日本政府に対する個人補償請求権の実施に向けた方策を韓国政府が取らなかったことは憲法違反であるという判断を示した。行政機関である韓国外交通商部はこの決定に従わなくてはならない。玄葉氏はこの辺の機微に触れる事情がよくわからなかったようで、初会談で「個人請求権は日韓基本条約で解決済み」という門前払いの回答をした。そこで韓国は慰安婦問題を国連総会第3委員会（人権）に提訴する準備を進め、慰安婦問題の国際化を図っていた。玄葉訪韓でもこの問題は解決しなかった。

前原氏が、「人道的な観点から考える余地がないか、お互い知恵を出し合い静かな環境で議論したい」と述べたことで、ようやく軟着陸のシナリオが見えた。「静かな環境」とは、慰安婦問題を国際化しないという意味だ。前原氏の外交能力は民主党の政治家の中で傑出している。

TPP交渉前に離脱の余地を示唆
これが国益に適う外交術だ!

〈'11・11・17〉

民主党の前原誠司政調会長が、TPP(環太平洋経済連携協定)交渉に日本が参加しても、国益に適わないような状況が生じたら離脱すべきであるという立場を繰り返し表明している。これに対して、野党のみならず玄葉光一郎外相が噛みついている。10月25日付時事通信の報道を引用しておく。

〈玄葉外相、TPP交渉離脱に否定的=藤村官房長官は「実例ある」

玄葉光一郎外相は25日午前の記者会見で、藤村修官房長官が環太平洋連携協定(TPP)交渉に参加した場合でも離脱はあり得るとの考えを示したことについて「簡単な話ではない。論理的にはあり得るが、そういうこと(離脱)が起きたときにどういう国益を損なうかをよく考えないと(いけない)」と述べ、否定的な見解を示した。/交渉離脱の可能性には、民主党の前原誠司政調会長も言及している。前原氏は23日、「交渉に参加して、国益にそぐわないときは撤退もあり得る」と発言。交渉離脱は可能と説明することで、党内慎重派の理解を得る狙いがあったとみられ、藤村長官も24日の会見で「一般的に外交交渉が決裂すれば離脱はあり得る」と追認していた。／外相との認識の違いに、藤村長官は25日の会見で「離脱が簡単かと言われたら簡単ではないかもしれないが、一般論としてあり得る。過去に（離脱した）事実は幾つもある」と強調した。／一方、自民党の石原伸晃幹事長は会見で、藤村、前原両氏の発言に対し「参加の是非も決めていない段階で言及するのは全く外交センスがない」と批判した。〉

野党が与党を叩くのは仕事だから、石原幹事長の発言を額面通りに受けとる必要はない。ただし、前原、藤村両氏について「外交センスがない」という批判は頓珍漢だ。日本にとって有利なゲームのルールをつくるためには、TPP交渉に入る前から離脱可能性について示唆し、米国を牽制するのが賢明な交渉術だ。

最近になりTPPへの参加を米国が強く求めてきた理由を、石原幹事長も玄葉外相もよく理解できていないように思える。従来、TPPは、世界的規模での自由貿易体制が確立されるには時間がかかるので、過渡的にアジア太平洋地域に自由貿易を実施するという考えに立っていた。それが最近の中国の軍事大国化への動きの加速、EUの危機、プーチン露首相によるユーラシア同盟の提唱などの影響を受け、TPPの性格が変化した。TPP

は保護主義的な関税同盟で、日米による経済ブロックが形成されつつあると見るべきだ。ＴＰＰに政治的色彩が強まっている。日米同盟を経済面で深化するのがＴＰＰである。それだから日本が総力をあげてＴＰＰ交渉に参加しなくてはならない。「日本の国益に適わないならば、いつでも交渉から離脱する」という強い決意を持った前原式交渉術が国益に適う。野党と同じような発想の玄葉外相が交渉当事者になることに筆者は強い不安を覚える。役者を替えなくて大丈夫だろうか？

〈11・11・24〉

「次期首相」狙った外相の派閥活動
とはいえ、女性記者との宴はほどほどに

玄葉光一郎外相が、11月に入ってから派閥活動を強化しているようだ。

〈玄葉光一郎外相が2日、自らが率いるグループ「日本のグランド・デザイン研究会」の活動を2カ月ぶりに再開させた。ライバルである民主党の前原誠司政調会長が環太平洋戦略的経済連携協定（ＴＰＰ）問題の意見集約などに苦しむ姿を横目に「ポスト野田」への布石とする好機とみたようだ。マリナーズのイチロー選手にあやかり「光《こう》イチロー」とし

て、地味で暗いイメージを払拭できるのか――。

「戦略の本質は逆転現象が起きた時に顕在化する。いつまでも下を向かないで前を向こう。逆転現象はあるんだ……」

玄葉氏は２日昼、国会の一室で、福島第一原発事故を乗り越えようとする地元・福島の人々をたたえた。

集まったのは衆参若手26人。まずまずの再スタートだといえる。グループは山口壮外務副大臣が３月に「玄葉首相」を夢見て発足させた。これまで玄葉氏は慎重姿勢を崩さず、休眠状態が続いてきたが、最近になり急にやる気になったという。近く玄葉氏が正式に会長に就任する見通しだ。〉（11月２日・ＭＳＮ産経ニュース）

派閥活動を再開したということは、首相を目指すという意味だ。そのためにやらなくてはならないのは、外相としての仕事を一生懸命やることだろう。しかし、ＴＰＰ（環太平洋経済連携協定）、韓国との慰安婦問題、ロシアとの北方領土交渉についても、玄葉氏は何もしていないというよりも、足を引っ張るようなことしかしていない。難しい外交交渉は、事実上、民主党の前原誠司政調会長が行っている。前出の産経新聞は、〈「逆転現象」――。この言葉を使ったのは自らを鼓舞する意味合いもあった。脳裏には「ポスト野田」

レースの行く手を阻む前原氏の存在がある。／同じ松下政経塾8期生で当選回数も同じ6回。にもかかわらず前原氏は党代表、国土交通相、外相など華やかな役職を次々に務め、玄葉氏は常に後塵を拝してきた。／外相就任で「追いついた」と思ったが、前原氏は玄葉氏を差しおいて訪米。玄葉氏の訪韓直後にも前原氏は訪韓した。これには温厚な玄葉氏も不快感を隠さなかった。／「松下政経塾の寮で俺は前原と同じ部屋だったんだがな……」／そんな前原氏にも逆風が吹き始めた。党内調整や与野党折衝に苦しみ、その場当たり的な発言から「言うだけ番長」と揶揄《やゆ》されるようになった。〉と記す。

前原氏に逆風が吹いているのは、難しい仕事に真剣に取り組んでいるからだ。前原氏にはこの逆風をはね除ける基礎体力がある。前原氏は、外相を経験してから一段と大きな政治家になった。それは外相のときに寸暇を惜しんで、過去の重要な交渉に関する極秘公電や外交秘密文書を読んで、水面下でどのようなことが行われていたか勉強したからだ。前原氏に嫉妬の炎を燃やし、お気に入りの民放女性記者たちと飲み歩いている時間を外交文書の勉強に充てた方が実力がつくよ。玄葉サン！

北方領土を諦めていると思われた！日本は、だから ロシアに舐められる

〈'12・2・9〉

玄葉光一郎外相のことをロシアは、完全にナメている。1月14日、玄葉外相は根室を訪問し、洋上から北方領土を視察した。この訪問に関して、ロシアが変化球を投げてきた。同17日の国営ラジオ「ロシアの声」がこう伝えた。

〈日本の玄葉光一郎外相は、ロシアとの領土問題の早期解決を支持する立場を示し、落ち着いた環境のなかで真剣な交渉を行うことが必要だと述べている。海上保安庁の巡視艇からロシアの南クリル諸島を視察した後の発言だ。専門家であるワレリー・キスタノフ氏は、玄葉外相の熟慮された声明は、露日関係の将来にとって明るい見かたを示すものだとして次のように述べている。

「現在の日本外相は、2011年9月に就任して以来、日本とロシアの戦略パートナーシップをいかに構築していくかについての声明を発表しています。また共同開発についても検討するとしています。それはすぐにセンセーションとなりました。これまでの外相と違

い、玄葉外相は視察の後、島が占領されているだとか、日本固有の領土だとかいう感情的な発言を避けています。そしてその早期の返還を求めて行くといったようなことも触れていません。これは偶然ではないと思います。もちろん外相は日本政府の立場を原則的に変えることはできませんし、日本はこの先も返還を求めて行くのでしょうが、それをもっと落ち着いた雰囲気のなかで行おうという志向が見られます。これはこれまであまりうまくいっていませんでした。」

日本が現在、落ち着いた環境のなかで交渉を行おうとしていることは非常に重要だ。ロシア外務省も、クリルの視察がロシアと日本の隣接する地域間の交流を活発にし、露日関係に刺激を与えることが目的ならば、大いに歓迎すべきことだ、と述べている。〉

ここでコメントをしているキスタノフ氏はロシア科学アカデミー日本研究センター長で、ロシア政府の意向を代弁する役割を果たしている。重要なのは、キスタノフ氏が、玄葉外相とこれまでの日本の外相との比較をしている箇所だ。ポイントは3点ある。

その1。玄葉外相は北方領土がロシアによって不法占拠されているという日本政府の立場を表明していない。

その2。北方領土が日本固有の領土であるという立場を表明していない。

その3。北方領土の早期返還を求めていない。

要するに、ロシアは、北方領土返還を事実上、玄葉外相が諦めていて、形だけ交渉を行うということしか現在の日本外務省には出来ないだろうとナメているということだ。玄葉氏に外交的基礎体力がないので、「豚もおだてりゃ木に登る」という感じで持ち上げているのだ。

ロシア人は本質を見抜く能力がある。領土が国家の礎であるという原理原則がわかっていない玄葉外相ならば、無原則的妥協をするので、扱いやすいとバカにしているのだ。こんな人物が外相職にとどまっていることが実に情けない。

〈'12・2・16〉

北方領土交渉が動く可能性！
今回ばかりはあの外相を称える

玄葉光一郎外相のスイッチが入ったようだ。1月28日の日露外相会談で、玄葉外相は実によく頑張り、北方領土交渉で日本が有利になる基盤を構築することに成功した。マスメディアはこの会談をあまり評価していないようだが、専門家から見ると実に大きな成果をあげた。

〈玄葉大臣から、四島は日本に帰属するというのが日本の立場であることを指摘し、両国間に真の友好関係を構築するためには、領土問題を解決し平和条約を締結することがこれまで以上に必要であることを強調した。両国の立場は大きく異なるが、相互信頼の雰囲気が高まっていることを踏まえ、この問題を棚上げすることなく、静かな環境の下で両国間のこれまでの諸合意及び諸文書、法と正義の原則に基づき問題解決のための議論を進めていくことで一致した。玄葉大臣から、次官級協議の再活性化を提案したのに対し、ラヴロフ外相はロシアの新政権成立後に開催したいと述べた。〉（1月28日・外務省HP）[*4]

重要なのは、玄葉外相が四島の帰属に関する問題と平和条約の関係について、「四島は日本に帰属するというのが日本の立場である」とラブロフ外相に対して明言したことだ。玄葉外相は、歯舞群島、色丹島、国後島、択捉島からなる北方四島が日本領であることが確認されてはじめて平和条約を締結することが可能になるという日本国家としての原理原則論をきちんと確認した。

過去10年、北方領土交渉においてさまざまな混乱があった。最大の混乱は、麻生太郎氏が外相、首相をつとめたときに、北方四島の「面積二分割論」「三島返還論」といったバナナの叩き売りのように、四島の日本への帰属が確認されなくても平和条約の締結が可能だという誤ったシグナルを送ったことだ。当時、このシナリオを麻生氏に振り付けた松田邦紀外務省ロシア課長（現デトロイト総領事）の責任はきわめて重い。

日露両政府間で「両国の立場は大きく異なるが、問題を棚上げしない」ということが合意された意味は大きい。日本政府が「北方四島がロシアによって不法占拠されている」と主張するよりも、「四島が日本に帰属するというのがわれわれの立場だ」と主張する方が日本にとって有利な交渉ができる。不法占拠とは国際法的評価に関する問題だ。この場合、国連憲章の対敵国条項、サンフランシスコ平和条約2条c項で放棄した千島列島（クリール・アイランズ）の範囲に関する国際法論争に踏み込むと、国後島、択捉島に関して日本に有利でない状況が生じる。さらに歴史的議論に深入りすると1800年までは択捉島に関して、ロシアの影響の方が強かったという結論が出かねない。

法的、歴史的議論で北方領土問題を解決することはできない。ラブロフ外相は、ロシアの新政権が成立した後、平和条約（＝北方領土）交渉を活性化させたいと述べた。野田佳彦首相とプーチン新大統領の間で北方領土問題が前進するための条件が整えられつつある。

「佐藤優を使うとはけしからん」対露外交をめぐる外相の「男の嫉妬」

〈'12・4・12〉

3月7日、衆議院沖縄北方委員会において、浅野貴博衆議院議員（新党大地）の質疑に対して、玄葉光一郎外相は、2001年3月に当時の森喜朗首相とロシアのプーチン大統領が署名したイルクーツク声明を重視する答弁を行ったことは、ロシアに対して肯定的シグナルを送ることになった。1月28日の日露外相会談以後、玄葉外相の対露外交は見違えるほど良くなった。それは前原誠司元外相（現民主党政調会長）の路線を踏襲するようになったからだ。しかし、玄葉氏と前原氏の間には、大きな差異がある。それは人間性だ。

まず、前原氏は、陰徳型の政治家だ。外交に関して、黒衣に徹し、野田佳彦首相、玄葉外相を本気で支えている。それから、他の政治家の陰口を言わない。批判がある場合には、当事者に直接連絡する。また、見えないところで汗をかき、努力する。外相時代も、前原氏は外交交渉に関する極秘公電（外務省が公務で用いる電報）を徹底的に読み込んだ。その上で、現実的な外交戦略を立てている。ロシア側も前原氏を高く評価している。日本でもロシアでも前原ファンは、確実に増えている。その結果、外務省が持っていない機微に触れる情報も前原氏のところに集まる。ロシアだけでなく、米国、韓国、中東などに関しても、前原氏のところには、質の高い情報と人脈が集まっている。

これに対して、玄葉氏の外交が付け焼き刃であることは、専門家が見ればすぐにわかる。しかし、当の玄葉氏は、自らの姿が等身大で見えていないようだ。例えば、事情通からこんな情報が筆者のもとに入ってきた。3月2日、玄葉氏が福島出張から戻る列車の中でのことだ。新聞記者に対して、「前原が森（喜朗元首相）や佐藤（筆者のこと）をロシア問題で使っているがけしからん。奴ら（森氏と筆者）がいろいろなルートをロシアに持っているだろうが、前原は私的目的にそれを使っている」と述べたということだ。前原氏が、玄葉外相を誠実に支えている。なぜこの事実を玄葉氏は認めることができないのだろうか。

率直に言おう。玄葉氏は、前原氏に対する男の嫉妬を抑えることができないのである。醜悪極まりない。さらに3月6日の記者との懇談で、ある記者が「日露首脳会談はいつになるのでしょうか」と尋ねたところ、玄葉氏は「お前はいつロシアに行きたいか、言ってみろ。お前の望み通りにしてやる。首脳会談の日程は俺が決める」と答えたそうだ。この日、玄葉氏はひどく酩酊していたそうだ。酒にのまれるような人物に、日本国家の命運を委ねることはできない。

玄葉氏は「壁に耳あり、障子に目あり」ということわざを知らないのだろうか。この種の情報は、新聞記者からロシア側にも流れている。こういうことが続くと、クレムリンは「玄葉はまともな政治家じゃない。適当にあしらっとけ」ということになる。玄葉外相問題が北方領土交渉の障害になることを筆者は危惧する。

〈'12・4・26〉

鳩山由紀夫元首相のイラン訪問で同行の参院議員が噴飯の言い訳

野田佳彦首相、玄葉光一郎外相らの制止を押しきって、鳩山由紀夫元首相と大野元裕参議院議員（民主党）[*5]がイラン訪問を強行した。民主党の前原誠司政調会長は、7日の読売テレビの番組で「議員個人として行かれ、党が派遣したことではない。イランに利用されないことを願っている。いま行くタイミングではないと思う」と強い懸念を表明した。前原氏が危惧した通り、鳩山氏は見事にイラン側に利用されてしまった。8日に行われたア[*6]フマディネジャード大統領との会談で、鳩山氏が「イランなどの一部の国に対するIAE

A（国際原子力機関）のダブルスタンダードは、公正からかけ離れた態度だ」と述べたという発表をイラン大統領府が行い、その報道が世界を駆けめぐった。

〈イラン大統領府がウェブサイトで、鳩山由紀夫元首相が国際原子力機関（IAEA）の対応を「二重基準」と批判したと伝えた問題で、在日イラン大使館が10日、鳩山氏に謝罪した。英語版とペルシャ語版のウェブサイトから発言も削除した。／鳩山氏はアフマディネジャド大統領との会談で「二重基準」発言をしたとされ、鳩山氏は9日の記者会見で「捏造だ」と反論。イラン側に訂正を要求していた。大統領府の担当者は朝日新聞の取材に「発言は事実だが、日本との間で緊張を引き起こしたため」と発言削除の理由を説明した。〉（4月10日・朝日新聞デジタル）

ウェブサイトから鳩山発言を削除しても、それは外交的配慮に過ぎず、イラン大統領府は「発言は事実」と確認している。事態は一層深刻になった。鳩山・アフマディネジャード会談には、イラン駐在の駒野欽一特命全権大使が同席し、会談の内容は外務省に報告されている。外務省は真実を国民に対して明らかにする義務を負う。

鳩山氏のイラン訪問には、中東専門家で過去、外務省に勤務したことがある大野元裕参議院議員（民主党）も同行した。9日、鳩山氏が帰国後、国会内で行った記者会見の席上、大野氏は「二重基準」発言問題についてこう述べた。

「要人の訪問について追い込まれた国々が自分たちに都合のいい方で捏造する報道は一般論として非常に多い。したがって、ここだけを取り上げて申し上げるのはどうかと思うが、こういった会議の結果が、あるいは訪問の成果が悪用されるようなことがあるのは承知の上で行っている」

新聞記者から大野氏のこの発言を聞いて、筆者は絶句した。大野氏は、イラン側が発言の捏造をする可能性を認識した上で、鳩山氏のイラン訪問に協力したということだ。訪問が悪用されることを承知した上で、議員外交をするなどということは、議論以前の話だ。大野氏は、記者会見と同趣旨の見解を9日付のブログにも記している。このブログは、日本語を解する外国の外交当局者やインテリジェンス関係者も読む。大野氏は、鳩山氏のイラン訪問が大きな成果をもたらしたと自画自賛しているが、こんな頓珍漢な釈明をする大野氏は、外交やインテリジェンスの専門家の間で笑いものにされるだけだ。

7分半で何を伝えられるか
首脳会談「根回し」する技術

〈'12・5・24〉

5月7日、プーチンがロシア大統領に就任した。5月18〜19日に米国キャンプデービッドで行われる主要国首脳会議（G8サミット）にプーチンは参加しないが、6月、メキシコで行われる20カ国・地域首脳会議（G20サミット）には参加する。そこで野田佳彦首相とプーチン大統領の初会談が行われる。サミットのときは日程が立て込んでいるので、日露首脳会談に割けるのは30分くらいしかない。会談は逐語通訳を通して行われるので、実質的な会談時間は15分だ。この時間を半分に割ると7分半で、これだけの時間で野田首相は、プーチン大統領にメッセージを伝えなくてはならない。こういう短時間の会談を成功させるためには、事前の根回しが必要になる。野田首相に近く、ロシア情勢に通暁している有力政治家をモスクワに派遣し、プーチン大統領に近い人々に日本が対露関係を改善する意思を持っているというメッセージを伝える。そうすると会談の内容が確実にプーチン大統領に伝えられる。その影響でメキシコにおける野田首相との会談にプーチン大統領が強い関心を向けるようになり、今後の平和条約（北方領土）交渉が加速化する。

ゴールデンウイーク中の4月29日から5月3日、モスクワ、サンクトペテルブルグを訪問した民主党の前原誠司政調会長が、見事な根回しを行った。前原氏は外交は政府の専管事項であるので、交渉ではなく環境整備のために訪露したということを強調した。玄葉光一郎外相の顔を立てている。ラブロフ外相、ナルイシキン国家院（下院）議長（前大統領府長官）との会見については、日本のマスメディアでも報じられている。それ以外にも2人のプーチン大統領とつながる重要人物と会っている。

一人目は、ワイノ政府官房長官だ。ワイノは元外交官で、日本語に堪能だ。2000年7月の沖縄サミット、9月の日露首脳会談に参加するためにプーチン大統領が訪日した際のアテンド係をワイノがつとめた。プーチンは、ワイノの能力を高く買い、2003年に大統領府に引き抜いた。その後、プーチン側近グループの中で急速に頭角を現し、出世街道を駆け上った。そして去年12月27日にプーチンはワイノを政府官房長官に任命した。プーチンの対日戦略を形成する上で、日本専門家であるワイノが個人的に重要な役割を果たすと筆者は見ている。

二人目は、ロシア正教会のイラリオン対外教会関係局長と会談していることだ。プーチン大統領は、ロシア正教会の最高指導者キリル総主教と親しい。正教会は政治的にも大きな影響力をもっている。イラリオンはキリル総主教の側近中の側近で、英国オックスフォード大学で博士号をとった保守派のインテリでもある。イラリオンの思想は、プーチン大統領の国家理念形成にも影響を与えている。イラリオンと会った日本の政治家は前原氏が初めてだ。今回の前原訪露は、日露関係の今後のために大きな意味を持つ。

〈'12・10・4〉

尖閣の危機で頭に血が上ったか
防衛相のムチャな国防戦略

尖閣諸島をめぐる情勢が危機的になっている。現状を放置しておくと日中間の武力衝突が発生しかねない。日米安保条約第5条前段では、「各締約国は、日本国の施政の下にある領域における、いずれか一方に対する武力攻撃が、自国の平和及び安全を危うくするものであることを認め、自国の憲法上の規定及び手続に従つて共通の危険に対処するように行動することを宣言する」と定められている。米国政府高官も尖閣諸島は安保条約第5条で規定された共同防衛の範囲内であると繰り返し声明している。これは尖閣諸島が現在は日本の施政下にあるから論理的に共同防衛の範囲にあると述べているに過ぎない。実際に尖閣諸島で日中の武力衝突が起きても、米国は介入しないと筆者は見ている。そうなると尖閣諸島に関しては、米軍の抑止力が働いていないということが白日の下に曝される。当然、日本の対米不信が強まる。

それだから、米国は尖閣諸島をめぐって日中の武力衝突が起きないように日中双方に警告を与えている。

〈AP通信などによると、パネッタ米国防長官は16日、沖縄県・尖閣諸島を含む中国と周辺国との対立などについて「島嶼をめぐる挑発行為が、当事者のいずれかが判断を誤ることで、暴力や衝突が起きる可能性を高めることを懸念している」と述べた。日本に向かう機中で同行記者団の質問に答えた。パネッタ長官は「紛争を平和的に解決する方法があるはずだ」と強調した。〉（9月17日・MSN産経ニュース）

要するに米国は「金持ち喧嘩せず」の原則で、尖閣諸島をめぐって、米軍を出動させるつもりはないのだ。沖縄にいる米軍の抑止力が、尖閣諸島をめぐる問題に関しては、中国に対して機能していないという現実を踏まえて、政府は防衛戦略を構築しなくてはならない。それにもかかわらず、防衛相は米軍の新型輸送機MV22オスプレイの沖縄配置を強行しようとしている。

〈森本敏防衛相は12日、米軍の新型輸送機オスプレイの日本での飛行ルールづくりの協議が日米合同委員会で難航していることについて「来週、再来週には決着し、安全性を確認できる文章をつくって総理の決裁を仰いだら、速やかに公表する」と語った。沖縄配備に向けてオスプレイが一時駐機中の米軍岩国基地がある山口県岩国市を訪れ、福田良彦岩国市長に伝えた。／沖縄での本格運用を始める時期については、「（米軍が予定する）10月初旬にはなりそうにないが、10月のどこかだろう」との見通しを示した。〉（9月12日・朝日新聞デジタル）

森本防衛相はいったい何を考えているのだ。9月9日に沖縄ではオスプレイ配備に反対する県民大会に10万1千人が集まり、絶対阻止の意思表示をした。沖縄県の仲井真弘多知事もオスプレイの受け入れは出来ないと森本防衛相に再三伝達している。しかし、尖閣情勢の緊迫に興奮した森本防衛相は無茶をしようとする。オスプレイ配備を強行すると沖縄で騒擾《そうじょう》が発生しかねない。

11年前のポピュリズム再来！
真紀子入閣でも中国はなびかない

〈'12・10・18〉

10月1日、第三次野田佳彦内閣が発足したが、このままだと日本国家が崩壊するのではないかという不吉な予感がする。

まず田中真紀子氏[*7]が文部科学相として入閣したことだ。外相時代、真紀子氏は日本外交を徹底的に混乱させて、日本の国益を大きく損ねた。もっとも政策以外の部分では、真紀子氏が外務省を「伏魔殿」と名づけ、しかも機密費（報償費）問題に手をつけようとしたことはよかったと思う。また、真紀子氏が外相にならなければ、鈴木宗男事件に巻き込まれて筆者が「鬼の特捜」（東京地方検察庁特別捜査部）に逮捕され、東京拘置所の独房に512日間閉じ込められることもなかった。この経験のおかげで筆者は職業作家になった。筆者は作家という仕事に満足しているので、運命の転換のきっかけをつくってくださった田中真紀子女史には心の底から（？）感謝している。それだから、真紀子氏が指摘した「伏魔殿」外務省の実態を暴く仕事を重視している。

筆者が懸念しているのは、野田首相が真紀子氏を閣僚に登用した理由だ。民主党から真紀子氏（と夫の田中直紀参議院議員）の離脱を防ぐという消極的理由だけならばよいのだが、再び「マキコ旋風」が起きると期待した人事ならば、深刻な問題を引き起こす。現下日本政治の課題は、ポピュリズムがもたらす悪をどう避けるかだ。少なくともこれまで野田政権は、ポピュリズムとは一線を画していたが、真紀子人事でその一線が崩れるかもしれない。

11年前、小泉純一郎政権が成立したときは、国際環境が現在ほど厳しくなかったので、ワイドショーと週刊誌の中吊りで政治が決められても、田中外相で外交が停滞しても、日本が崩壊することはなかった。しかし、現在、国際社会が帝国主義化し、特に尖閣諸島を狙う中国が日本に対して牙を剝きだしている現状で、万一、野田政権が田中角栄氏の娘である真紀子氏を中国とのパイプで使うようなことをすると、国益を大きく損ねることになる。ちなみに玄葉光一郎外相は、真紀子氏と「犬猿の仲」（民主党の閣僚経験者）ということなので、ここは玄葉外相に頑張っていただき、外交の縄張りに真紀子氏を立ち入らせないようにしてほしい。

実は真紀子文科相の就任よりも深刻なのが森本敏防衛相の留任だ。組閣同日の1日、米軍の新型輸送機MV22オスプレイが沖縄の反対を押し切って、米海兵隊普天間飛行場（沖縄県宜野湾市）に強行配備された。翁長雄志那覇市長が、「沖縄を植民地としか思っていない。ウチナーンチュ[*8]を日本人と思っていない。もし思っていても日本国防衛のためなら致し方ないと思っているのだろう」（10月2日・琉球新報）と怒りの声をあげたが、その通りだ。沖縄の民意を無視する森本防衛相とその取り巻きの防衛官僚は、沖縄の力を過小評価している。これから日本の国家統合を揺るがす深刻な事態が沖縄で発生すると筆者は見ている。

＊1　外国人献金問題
政治家が在日外国人からの政治献金を受け取ることは政治資金規正法で禁止されている。2011年、前原氏は京都市内にすむ在日韓国人女性から毎年5万円ずつ5年間で計25万円の献金を受けていたことの引責として外相を辞任。

＊2　鉢呂吉雄（1948〜）
無所属、社会党を経て民主党。野田内閣時代に経産相を務めるが、福島第一原発事故によって被災した町を「死の町」などと語った一連の失言により辞任。昨年末の総選挙で

落選。

＊3　松下政経塾

パナソニックの創業者・松下幸之助が設立した政治塾。男女共学。卒業生に、民主党の野田佳彦、松原仁、前原誠司、原口一博、玄葉光一郎、樽床伸二らのほか、自民党の高市早苗、伊藤達也、小野寺五典ら、日本維新の会の山田宏、中田宏らを輩出。

＊4　ラブロフ（1950～）

セルゲイ・ラブロフ。旧ソ連外務省に入省、国際経済機関局、国連代表部勤務を経て、一等書記官、外務次官などを歴任。現在、ロシアの外務大臣。

＊5　イラン訪問

2012年4月、鳩山由紀夫元首相が政府の中止要請を振り切り「世界平和への貢献」を理由として突然のイラン訪問を敢行。アフマディネジャード大統領とも会談。鳩山元首相がIAEA（国際原子力機関）を批判する発言があったとイラン大統領府が発表、鳩山元首相は捏造であることを主張。

＊6　アフマディネジャード（1956～）

マフムード・アフマディネジャード。アルダビール州知事、テヘラン市長を経て、2005年からイラン大統領。核開発計画支持者。06年にウラン精製に成功したと発表。核技術保有国として諸外国との交渉に臨むことを名言。核開発に反対するアメリカには一貫して対決姿勢。

＊7　田中真紀子（1944〜）
自民党、無所属を経て民主党。科学技術庁長官、外務大臣、文科相を歴任。昨年末の総選挙で落選、比例復活もできず。外相時代、金正男が出入国管理法違反で身柄拘束されたが警察・検察に引き渡しもせずに強制退去にしたとされる。米同時多発テロ直後に米大統領の避難先を会見で明かすなどの舌禍、さらには外務省に影響力を持っていた鈴木宗男氏と対立、外相を更迭された。

＊8　ウチナーンチュ
琉球語で沖縄人を指す。

後書

われわれ日本人は優秀な国民であり、日本は偉大な国家だ。中国や韓国が攻勢を強めている中で、どんな手段を用いても、われわれは生き残っていかなくてはならない。そのために安倍政権もなかなか頑張っている。

具体的にあげられるのは、第1章で詳しく述べたが、安倍晋三首相がＴＰＰに参加する方針を明確にしたことだ。論壇の一部にはＴＰＰが米国が日本に対する収奪を強めるための陰謀であるという見方が根強くある。そういう有識者は、あたかも日本が米国の従属国であるかのごとき論を展開し、反米ナショナリズムを煽り立てようとする。この傾向は、極めて危険だ。大正時代から昭和の初めにかけて活躍した樋口麗陽（生没年不詳～１９３２年）という大衆作家がいた。20世紀末に日米戦争が勃発するという未来を予測した小説を大正末期に書いて大人気を博した。

〈米国の国家成立の歴史から観て、また其後の主張行動から観て、殊に国際連盟の主唱者であったという事実から見て、日本は何処までも米国は平和主義であり文明主義であり、自由平等共存共立を目的とするデモクラシーの国であり、正義人道主義の国であると信じた。併し識者の一部には之は米国の本音ではない、米国は真正の正義人道主義を奉ずるものではない、其口にする所と腹のドン底とは多大の相違がある所が全然違って居る。米国は敵本主義の国で、デモクラシーの宣伝、正義人道主義を看板として世界列国を胡魔化し、米国一流の資本的侵略主義、経済的併呑主義を以て世界を縦断横断し、南北アメリカを併合して一丸とし、新興日本の鼻の先をへし折るか、圧抑して亜細亜大陸の経済的権利利益を壟断し、世界の資本的盟主、経済的専制君主たらんとするを目的とするもので、独逸の軍国主義と同等或は却ってより以上危険なものであると云い、米国を過信するな、仮面を冠って平和主義正義人道主義のヒョットコ踊りをして見せるのに瞞着されるな、ヤンキーの狡智に欺されるな、大手品に欺されるなと国民を戒めたものもあった。〉（樋口麗陽『小説　日米戦争未来期』大明堂書店、1920年、10～11頁　旧漢字は新漢字に、旧かな遣いは新かな遣いに改めた）

この種の反米主義に煽られた結果、日本は対米英戦争という破局に向かって進んでいった。帝国主義国である米国が、政治、経済、軍事の総力を動員して、自国の権益を極大化しようとするのは、当然の動きだ。それに対して、感情的に反発し、虚勢を張るのではなく、冷静に均衡点を探るのが政治家と外交官の仕事だ。

「国境のインテリジェンス」を構築するためには、地政学的視座が不可欠だ。島国である日本が海洋国家であることは間違いない。地政学の原則に照らした場合、海洋国家と衝突する可能性があるのは、海洋国家だ。それだから、世界最強の海洋国家である米国とは、手を握り、上手に棲み分けるというのが、大東亜戦争からわれわれが得た教訓なのである。中国の帝国主義的拡張政策に対抗する現実的手段が、日米同盟を深化させることだ。日本がTPPに参加することによって、日米同盟は確実に強化される。

日米同盟に加え、日露の戦略的提携を強化することが、帝国主義的な再編が進む国際社会において日本が生き残る上で、現実的な選択肢と筆者は考える。この点でも最近になって具体的な動きがある。安倍首相の特使として訪露した森喜朗元首相が、2月21日、モスクワのクレムリン宮殿でプーチン大統領とした。プーチンが外国の元国家首脳と会談するときの時間は、だいたい30~45分だ。今回の森・プーチン会談は1時間13分間だった。プーチンは森氏を現職の国家首脳と同じレベルで、ていねいに対応した。去年3月、大統領就任前にプーチン氏が日本人を含む記者団に対して北方領土問題の解決について「引き分け」と日本語を使って説明したことに関連して、森氏が「『引き分け』とはどういう趣旨だ」と質すと、プーチン大統領は「勝ち負けなしの解決です。双方受け入れ可能な解決を意味することだ」と答えた。そして、プーチン大統領は机の上に置いてある紙に鉛筆で枠を書いて、枠内の端に日本とロシアがいると印をつけ「ここに両国がいる。これじゃ場外になってしまい、プレーができないので、真ん中に引っ張ってこないといけない。そこから『ハジメ』の号令をかける」と述べた。要するに、まず交渉を開始して、そこからどのような合意が得られるかについての「出口論」で交渉することをプーチンは主張したのだ。日本側にとって、森訪露の目的は、北方領土問題に関する政治決断の環境を整えることだ。この目的は完全に達成された。

翌22日、モスクワ国際関係大学で森氏は講演した。事前に記者に配られた原稿にはこんな提案があった。

〈「現在住んでいるロシア人は現状のようにロシア法のもとで住める」という状態と「日

本人も日本法のもとで住める」という矛盾が解決できるものでなくてはなりません。それを生みだすのは知恵と熱意です。これを両国で追求する、これがこれからの政府間の交渉の核になるでしょう。〉

しかし、この部分は実際の講演では読み上げられなかった。この予定原稿を基に「北方領土で法的共同管理を提案」という見出しで、記事を準備していた記者たちは、修正であわただしくしたということだ。外務省が「政府の基本的立場と矛盾するのでやめてほしい」と直前に森氏を説得したのか、あるいは、当初から、予定稿には書くが実際には読み上げないという形で、外務省が法的共同管理に踏み込んだ場合のロシア政府と日本世論の反応を見ているという高等戦術をとったのか、よくわからないが、北方領土に属人的な法的管轄を導入するというのは、共同経済活動を可能にする選択肢の一つである。

2月28日、訪日中のイシャエフ露極東発展相（兼極東管区大統領全権代表）が安倍首相と会談した。この会談には森氏と鈴木宗男・新党大地代表も同席していた。イシャエフ氏が「極東の共同開発を進めるための（日露）両首脳の指示を待っている」と述べたのに対して、安倍首相はこう答えた。

「共同経済活動が日露両国にとって重要なのは、私も承知している。平和条約があれば共同経済活動はもっと進む。平和条約といえば、北方領土問題がある。私はイルクーツク声明（2001年3月）を大事にしている。あのときの森総理とプーチン大統領の会談の内容について私はよく承知している。ここに同席されている鈴木宗男先生もイルクーツク会談に立ち会っている。私はこのイルクーツク声明を大切にして平和条約交渉を進めていきたい。このことを是非ともプーチン大統領にお伝え願いたい。早いうちにプーチン大統領にお目にかかれることを楽しみにしている」

イシャエフ氏は、このメッセージを確実にプーチン大統領に伝える。日露外交が動き出す可能性がある。この流れを是非とも「国境のインテリジェンス」を強化するために用いたい。

本書は、徳間書店の加々見正史氏の尽力がなければ、陽の目を見ることがありませんでした。深く感謝申し上げます。

2013年3月5日

佐藤優

本書は2013年3月徳間書店より刊行されました。

徳間文庫カレッジ

2015年2月15日　初刷

国《こっ》境《きょう》のインテリジェンス

著　者　佐《さ》藤《とう》優《まさる》

発行者　平野健一

発行所　株式会社徳間書店
東京都港区芝大門2-2-1 〒105-8055
電話 編集 03-5403-4350 販売 048-451-5960
振替 00140-0-44392

印　刷　株式会社廣済堂

製　本　株式会社宮本製本所

ブックデザイン　アルビレオ

ISBN 978-4-19-907025-9
乱丁、落丁本はお取りかえいたします。